Janez Drnovšek

Vom Wesen der Welt

Janez Drnovšek

Vom Wesen der Welt

Mohorjeva
Hermagoras

Janez Drnovšek, Vom Wesen der Welt
Aus dem Slowenischen übertragen von Andrea Haberl-Zemljič,
lektoriert von Christina Halfmann, grafisch gestaltet von ilab crossmedia

Gesamtherstellung: Hermagoras-Druckerei, Klagenfurt-Viktring

ISBN 978-3-7086-0273-8

I. TEIL
Wird der Mensch sich selbst überleben?

Die Welt ohne Bewusstsein

Die Menschen lebten lange ohne Bewusstsein. Sie waren sich ihrer selbst nicht bewusst. Sie waren sich der Welt um sich herum nicht bewusst und sie waren sich der anderen Lebewesen nicht bewusst. Sie waren sich des Weltalls nicht bewusst.

Ihre Welt war traurig. Sie war voller Schuld und Leid. Die Menschen halfen sich nicht gegenseitig. Sie wetteiferten um Reichtum und Macht. Wer beides hatte, konnte andere ausbeuten. Manche besaßen alles, andere litten großen Mangel und Hunger und siechten dahin.

Die Welt drehte sich weiter. Lange Zeit. Die Menschen gewöhnten sich daran. Sie glaubten, diese Welt sei die einzig mögliche. Jeder Gedanke an eine andere Welt galt als utopisch.

Wie könnte man eine solche Welt ändern? Sie wussten um keine bessere. Und diese Welt war eben besser als keine. Besser dieses Leben als gar keines.

Sie versuchten das Leben so gut wie möglich zu nutzen, es zu genießen. Aber taten sie das wirklich? Ist ein Leben ohne Bewusstsein wirklich ein Leben? Oder nur ein Vorsichhinleben und ein Warten auf den Tod, der am Ende den Menschen vom Leid auf dieser Welt erlöst?

Und die Menschen fürchteten den Tod. Sie wussten nicht, was er ihnen bringen würde. Es war ein Weg ins Unbekannte, vielleicht auch ins Nichts, dachten sie. Und wenn es so war, dann ist diese Welt die einzige Welt, die es gibt. Und dieses Leben das einzige Leben.

Und wenn dieses Leben das einzige Leben ist, dann geschieht alles nur hier. Nur hier kann man siegen. Nur hier kann man sich dem Genuss hingeben. Nur hier kann man Macht und Ruhm erfahren. Nur hier kann man die Erfüllung seines Lebens erreichen.

Und wenn das so ist, warum sollen sie über die Gerechtigkeit, über andere Lebewesen und über die Natur nachdenken? Es ist wichtig, in diesem Leben so viel Genuss wie möglich herauszuschlagen, so viel Geld wie möglich, so viel Ruhm wie möglich.

ॐ

Seit Jahrhunderten und Jahrtausenden stellen die Menschen Regeln auf, wie man sich in dieser Welt zu verhalten hat. Zunächst taten das die Regierenden, welche die Macht an sich rissen, später wurde ein Gesellschaftsvertrag errichtet, mit dem die Prinzipien des Regierens und des gemeinsamen Lebens festgelegt wurden. Die Regierenden wurden nun gewählt und mussten gesellschaftliche Regeln einhalten.

Diese Regeln strebten nach immer mehr Gleichheit unter den Menschen vor dem Gesetz. Es sollte niemanden mehr geben, der aufgrund seiner Geburt Vorteile hat und niemanden, der durch seine Geburt von allem Anfang an Nachteile in Kauf nehmen muss. Jahrhunderte lang wurde dieser Gesellschaftsvertrag ergänzt, um sich damit immer mehr einer gerechten Gesellschaft anzunähern.

Doch es gelang nicht. Noch immer sind manche Menschen im Vorteil, während die Mehrheit benachteiligt ist. Noch immer leben einige in unermesslichem Reichtum und mehr als die Hälfte der Welt ein menschenunwürdiges Leben, ohne das Notwendigste zum Überleben.

ॐ

Woran liegt das? Warum ist diese Welt noch immer ungerecht? Warum leiden noch immer so viele Menschen, während andere im Überfluss leben, und das trotz der zahlreichen Gesetze und Deklarationen?

Weil es an Bewusstsein fehlt. Weil die Menschen zu Wesen ohne Bewusstsein geworden sind. Weil sie ruhig leben und genießen können, obwohl andere Menschen in ihrer Nähe Hunger leiden und sterben. Weil die Menschen kein Unglück spüren, solange sie selbst nicht davon betroffen sind. Weil sie kein Leid spüren, bis sie es nicht selbst erleiden. Weil der Mensch glaubt, dass er ein Selbstzweck ist. Dass mit ihm alles begann und alles enden wird.

Menschen, die genießen wollen, so lange sie es können, sind arm. Was ist, wenn sie es nicht mehr können? Dann leiden sie. Allein. Dann ist alles zu Ende. Das Ende des Menschen, das Ende des Lebens, das Ende der Welt.

ॐ

Dann beginnt für den Menschen das erste Bewusstwerden. Er wird sich darüber bewusst, dass sein Leben vergangen ist. Alles, was er genossen hat, ist vergangen. Alle äußere Anerkennung ist vergessen. Der Haufen Geld auf dem Bankkonto bedeutungslos. Er bleibt ein armer, ausgezehrter Mensch, der geglaubt hat, alles zu besitzen und in Wahrheit nichts besaß.

Alles ist seinen Händen entglitten. Jetzt sieht das Leben aus wie ein flüchtiger Traum. Alles ist vergangen, an nichts kann er sich noch festhalten. Und er findet sich an einem Ort wieder, von dem er immer geglaubt hat, dass es hier nichts mehr gibt, dass hier alles endet.

So ist diese Welt. Unruhig und lebendig, und am Ende löst sie sich in Nichts auf. Und das menschliche Leben ist so kurz. Wenn wir uns seiner nicht bewusst werden, geht es an uns vorüber wie der Herbstwind. Und dann kommt der Winter.

Wie lange wird der Winter dauern? Ewig? Oder so kurz wie unser unbewusstes Leben? Schüttelt es uns beim Gedanken daran, dass wir das Leben für nichts vergeudet haben und dass wir uns nicht um die anderen Lebewesen und die Erde gekümmert haben?

ॐ

Und wenn wir dann die Gelegenheit bekämen, noch ein Leben zu leben, würden wir es wieder vergeuden? Wahrscheinlich nicht mehr, denn nun haben wir ein Bewusstsein, das entstanden ist, als wir der drohenden Leere begegneten. Wir würden anders beginnen. Im Bewusstsein um die Vergänglichkeit der materiellen Werte würden wir nach mehr suchen. Wir würden in uns selbst blicken und uns fragen, wer wir sind und was unsere Sendung auf dieser Welt ist. Warum sind wir hier?

Wahrscheinlich nicht dafür, dass wir unser Leben für Nichts vergeuden. Wir würden suchen. Wir würden uns umsehen und uns der anderen Lebewesen und ihres Leids bewusst werden. Es wäre für uns nicht mehr selbstverständlich und wir würden nicht mehr wegsehen. Wir würden uns nicht mehr der Täuschung hingeben, unser Genuss sei wichtig.

Wir würden den anderen helfen. Wir würden uns bewusst werden, dass wir gleich fühlen und dass wir untereinander verbunden sind. Dass wir Teil einer Welt sind. Und wir würden uns wünschen, dass diese Welt anders, besser wäre. Dass es in ihr nicht so viel Leid und Egoismus gäbe.

Wir würden uns der hässlichen Dinge auf dieser Welt bewusst. Und wir würden sie nicht mehr ohne Bewusstsein hinnehmen, wie wir das bisher getan haben. Wir würden uns wünschen, sie zu verändern. Und wir würden bei uns selbst beginnen.

Wir sehen die Dinge ganz anders, wenn wir voraussetzen, dass unser Bewusstsein nicht an unseren physischen, vergänglichen Körper gebunden ist.

Die Welt des Leids und des Übergangs

ॐ

Nun ist sich der Mensch seiner selbst und der Welt um sich herum bewusst und er fragt sich, warum er in dieser Welt lebt, in der es so viel Schuld, Böses und Egoismus gibt.

Wie sieht die Antwort auf diese Frage aus? Wo liegt der Sinn dieser Welt und dieser Schöpfung? Kann denn Leid der Sinn dieser Welt sein?

Warum soll das Leid gut sein, wenn wir doch alle gerne ruhig und ohne Schmerzen leben?

ॐ

Die Antwort darauf können wir vielleicht außerhalb unserer Welt im Weltall, in der Ewigkeit finden.

Wir sehen die Dinge ganz anders, wenn wir voraussetzen, dass unser Bewusstsein nicht an unseren physischen, vergänglichen Körper gebunden ist.

Wenn unser Bewusstsein nicht mit dem physischen Körper geboren wird und mit ihm stirbt, bedeutet das, dass es ewig ist? Wenn es so ist, besteht es auch nach dem Tod unseres physischen Körpers weiter.

Das könnte bedeuten, dass unser Leben nur eine Zwischenstation auf einer langen Reise ist.

Wohin reisen wir? Wohin reist unser Bewusstsein? Ist vielleicht unser physisches Leben nur ein Absprungbrett, das unser Bewusstsein auf eine höhere Ebene bringen kann? Was ist höher als das physische Leben?

Ein Leben auf einer hohen Bewusstseinsstufe, vielleicht ohne physischen Körper. Nicht auf der Erde, sondern im Weltall.

Vielleicht reisen wir vom Bewusstsein des physischen Lebens zum kosmischen Bewusstsein.

ॐ

Wenn wir jetzt in der Welt des niedrigen Bewusstseins leben, bedeutet das, dass unser Bewusstsein als niedriges Bewusstsein auf diese Welt und in dieses Leben gekommen ist?

Bedeutet das vielleicht, dass niedriges Bewusstsein in diese schlechte Welt kommt? Dieses Bewusstsein kann man auch *Seele* nennen.

Ist unsere Welt deshalb eine Welt des Leids, weil hier Seelen mit einem niedrigen Bewusstsein geboren werden?

Vielleicht ist der Sinn dieser Welt, dass Seelen mit einem niedrigen Bewusstsein durch das Leid der Sprung auf eine höhere Bewusstseinsebene ermöglicht wird.

Das Leid kann den Menschen zu einem höheren Bewusstsein verhelfen. Ein leidender Mensch wird sich seiner selbst bewusst. Er ist sich auch anderer Lebewesen bewusst, die wie er leiden. Er fühlt mit ihnen und ist bereit, ihnen zu helfen.

Ein solcher Mensch verändert sich. Er ist nicht mehr der in sich gekehrte Egoist. Er erhebt sich über sein Ich und erkennt, dass er kein Selbstzweck ist. Er spürt die Verbundenheit aller Lebewesen untereinander, weil sein Bewusstsein auf eine höhere Ebene gehoben wurde.

Er vergeudet sein Leben nicht für materielle Werte, die nur kurz dauern und sich am Ende in Nichts auflösen. Er nützt sein Leben, um sein Bewusstsein zu heben.

ॐ

Wenn er diese Welt verlässt, wird sein Bewusstsein höher sein als es war, als er hierher geboren wurde. Der Sinn seines Daseins auf dieser Welt des Leids ist, dass die Seele hier geläutert wird und ein höheres Bewusstsein entwickelt.

Vielleicht werden sich die Seelen auf diese Art und Weise dem höheren Bewusstsein stufenweise annähern. Leben um Leben. Schritt für Schritt. Bis zum kosmischen Bewusstsein.

ॐ

Also hat diese Welt des Leids ihren Sinn, denn sie ist auch eine Welt der Hoffnung und der Chancen.

Diejenigen, die in diesem Leben ihr Bewusstsein heben, die bessere Menschen werden, nützen diese Chancen. Diejenigen jedoch, die sich dem vergänglichen Genuss hingeben, die nach Reichtum und Macht streben, nähren ihren Hochmut mit Ruhm und Nichtigkeiten und vergeuden ihre Chancen. Diejenigen, die sich des Leids anderer Lebewesen und ihrer Verbundenheit nicht bewusst sind, die nur für sich selbst leben, für ihren vergänglichen physischen Körper, vertun die Gelegenheit.

ॐ

Wer die Chance dieses Lebens nicht nutzt und auf einer niedrigen Ebene des Bewusstseins bleibt, überzeugt davon, dass sein Ich einmalig und Selbstzweck ist, wird diese Welt besiegt verlassen. Wenn er auch reich, mächtig oder berühmt war, er wird von dieser Welt besiegt.

Wer jedoch sein Bewusstsein auf eine höhere Ebene gehoben hat, wer gelitten hat, wer auf dieser Welt verloren hat, wird am Ende siegen. Er hat die ihm gegebene Chance genützt und sich dem kosmischen Bewusstsein angenähert.

Die Religion führt zur Bewusstwerdung

ॐ

Unsere Welt ist also eine Welt der Hoffnung und der Gelegenheit für den Übergang in eine bessere Welt. Es ist aber auch eine Welt des Leids, in der die Gesetze des Bösen, des Egoismus, der Ausbeutung und der Gewalt herrschen.

Die Menschen haben versucht, andere Regeln aufzustellen, indem sie ihr Bewusstsein auf eine höhere Ebene gehoben haben. Die Menschen mit einem entwickelten Bewusstsein begannen über Mitgefühl, über den Beistand für die Leidenden und über die Gleichheit aller Menschen zu sprechen. Es kam zum „Gesellschaftsvertrag", der ein besseres und gerechteres Leben auf dieser Welt sicherstellen sollte.

Aber sie spürten, dass diese Welt nicht alles ist, dass es noch mehr geben muss. Dass es ein höheres Bewusstsein als das menschliche geben muss.

Dann suchten sie dieses höhere Bewusstsein. Sie versuchten, sich ihm anzunähern. Sie glaubten daran.

ॐ

Es entstanden die Religionen. Ihnen allen gemeinsam war die Suche nach einem höheren Bewusstsein. Sie versuchten, die physischen Gegebenheiten dieser Welt zu überwinden. Ihre Gründer waren Menschen mit einer hohen Bewusstseinsstufe. Sie spürten intuitiv, dass der Mensch mehr erreichen muss als materielle Werte und Erfolg auf dieser Welt.

Sie glaubten an das kosmische Bewusstsein, das jenes der Menschen übertrifft. Man konnte es nicht sehen, ertasten oder beweisen. Aber sie wussten, dass es besteht. Mit dem menschlichen Verstand konnte es nicht erfasst werden. Er ist an das Wissen über diese Welt gebunden und kann nichts verstehen oder erklären, was diese Welt übersteigt.

In unterschiedlichen Teilen der Welt haben sich unterschiedliche Religionen entwickelt. Sie haben ihre Götter, ihre Rituale, ihre Gebete geschaffen. Sie stellten sich durch Gott das kosmische Bewusstsein vor. Manchmal schrieben sie ihm menschliche Eigenschaften zu, entsprechend ihrem Wissen und ihren Erfahrungen in dieser Welt.

Gott stellte immer die höhere Macht dar. Etwas, das über unsere Welt erhaben ist. Die Menschen glaubten an ihn und baten ihn, ihnen zu helfen. Wenn sie litten, wandten sie sich an ihn. Die religiösen Rituale waren der gemeinsamen Hinwendung zu Gott gewidmet. Die Gebete waren Bitten an Gott.

Die Menschen begegneten dem Leid und der Ungerechtigkiet Sie spürten, dass sie selbst damit nicht fertig werden konnten und baten Gott um Hilfe. Sie baten Gott um Kraft, damit sie Leid und Ungerechtigkeit auf sich nehmen konnten.

ॐ

Da sie glaubten, beteten und sich Gott empfahlen, fühlten sie sich erleichtert. Sie spürten, dass sie nicht mehr allein waren und dass es etwas gibt, das mehr wert ist als Macht und Reichtum.

Sie spürten, dass das Leid einen Sinn hat. In ihm waren sie Gott näher. Weit weg von den vergänglichen Siegen und Niederlagen dieser Welt. Weit weg vom Unrecht.

Irgendwo gibt es eine höhere Macht, ein höheres Bewusstsein, welches das Unrecht ausgleichen wird. Und dort gelten andere Gesetze als in dieser Welt. Dort siegen nicht die schlechten und rücksichtslosen Menschen.

Die göttlichen oder kosmischen Gesetze sind anders als die Gesetze dieser Welt. In ihnen walten die Güte, das Mitgefühl, die gegenseitige Verbundenheit. In ihnen findet man Zuflucht vor dem rücksichtslosen Wüten dieser Welt.

ॐ

Die Menschen haben ihre Ansichten, ihre Gedanken, ihre Gebete an dieses höhere Bewusstsein gerichtet. Und durch ihr Streben nach Höherem, nach dem Universellen, hob sich auch ihr Bewusstsein.

Sie wurden bessere Menschen, halfen den anderen und lehrten sie etwas über ihre eigenen Erfahrungen.

Die Religionen wurden zu Trägern des höheren menschlichen Bewusstseins. Sie überstiegen das irdische Bewusstsein. Sie führten zur Erkenntnis, dass der Mensch nicht nur ein materielles Wesen ist, das auf dieser Welt so viel wie möglich an sich reißen muss. Die Religionen erkannten, dass diese Welt nur eine Welt des Übergangs ist. Dass nicht alles in dieser Welt und in diesem Leben beginnt und endet.

ॐ

Auf den ersten Blick gibt es zwischen den Religionen große Unterschiede. Doch im grundsätzlichen Streben danach, die physische Beschränktheit dieser Welt zu überwinden und sich dem kosmischen Bewusstsein anzunähern, gibt es keine Unterschiede. Nur die Form, die Rituale und die menschlichen Vorstellungen über das göttliche, kosmische Wesen weichen voneinander ab.

Jedes religiöse Ritual, das sich an der Suche nach einem höheren Bewusstsein orientiert, hat Kraft, ganz unabhängig von der Religion. Jedes Gebet, das sich an das höhere Bewusstsein richtet, hat Kraft. Es erhebt den Menschen über seine physische Gegebenheit. Es erhebt ihn über die Gesetzmäßigkeiten und Beschränkungen dieser Welt. Es erhebt ihn über das Böse und den Egoismus dieser Welt. Es bringt ihn Gott, der das kosmische Bewusstsein ist, näher, unabhängig davon, wie wir ihn nennen.

ॐ

Das menschliche Streben zum höheren Bewusstsein führte zu weltlichen Gesetzen, zum Gesellschaftsvertrag, der mehr Gleichheit und Rechte in diese Welt bringen soll. Auch mehr Mitarbeit und Solidarität zwischen den Menschen.

Aber wir haben gesehen, dass dies nicht genügt. Obwohl Menschen mit einem höheren Bewusstsein gute und gerechte Gesetze geschaffen haben, werden sie von Menschen mit niedrigem Bewusstsein ausgespielt und die Welt bleibt weiterhin ungerecht und im Ungleichgewicht.

Wo Menschen mit einem niedrigen Bewusstsein vorherrschen, werden sie von keinerlei irdischen Gesetzen zu einem höheren Bewusstsein und zu einem anderen Verhalten geführt. Sie werden weiterhin egoistisch und rücksichtslos alles an sich raffen und viele anständige Menschen werden Not und Leid erleben.

Das ist das Bild der heutigen Welt, die viele gute Gesetze und schöne Worte über die Menschlichkeit und die Gerechtigkeit zu bieten hat, während ihr tatsächlicher Zustand eine andere Sprache spricht. Die Armut, die Kriege, die Zerstörung der Welt, alles das geht weiter, den schönen Resolutionen und guten Wünschen manch Gutgesinnter zum Trotz.

Die Gesetzmäßigkeiten der schlechten Welt, die eine Welt des niedrigen Bewusstseins ist, können nicht mit menschlichen Gesetzen verändert werden. Dazu ist mehr notwendig.

ॐ

Die Mehrheit der Menschen auf dieser Welt müsste ein höheres Bewusstsein entwickeln. Hier verwickeln wir uns in einen Widerspruch. Ist es möglich in dieser Welt, die eine Welt des Übergangs, des Leids und der Läuterung ist, schon ein überwiegendes höheres Bewusstsein zu schaffen?

Wenn das möglich wäre, würde diese Welt anders werden, eine Welt des höheren Bewusstseins, die sich dem kosmischen Bewusstsein nähern würde und sehr viel harmonischer und gerechter wäre.

Kann man das schon auf dieser Welt erreichen? Oder ist das nur eine utopische Hoffnung und Erwartung von Menschen mit einem höheren Bewusstsein, die diese Welt gerne retten und sie anders, besser machen würden.

ॐ

Das ist schon die wichtigste aller Fragen. In der Folge werden wir versuchen, sie zu beantworten.

Der Niedergang des Spirituellen

Wenn wir von der Voraussetzung ausgehen, dass diese Welt als Welt des Leids auch eine Welt des Übergangs und der Gelegenheit zum Erreichen eines höheren Bewusstseins ist, würde ihre Umformung bedeuten, dass es keinen Übergang mehr gibt. Dass das Ziel erreicht ist.

Wenn die Menschen mit höherem Bewusstsein sich so um die Umformung dieser Welt bemühen würden, dass darin ein höheres Bewusstsein vorherrschen würde, gäbe es für die Mehrheit der Menschen kein Leid mehr. Die Welt würde harmonischer und besser werden.

Dies ist jedoch sehr wenig wahrscheinlich.

In dieser Welt gibt es so viel Böses und schlechte Energie, dass es schwer ist, sich vorzustellen, dass das selbstlose Bemühen von bewussten Menschen zu einer entscheidenden Umkehr führen wird.

Wenn wir uns die heutige moderne Welt ansehen, sehen wir, dass sich ihr Ungleichgewicht nicht verringert. Im Gegenteil, es vergrößert sich.

Obwohl der Gesellschaftsvertrag in manchen Teilen der so genannten *Ersten Welt* schon recht ausgeprägt ist, kann noch immer nicht allen Staatsbürgern ein menschenwürdiges Leben garantiert werden. Die Unterschiede bleiben groß oder vergrößern sich sogar. Die Armen leben in ihren Ghettos und sterben sehr viel schneller als die Reichen an Krankheiten. Es gibt viele Verbrechen und viel Unterdrückung. Man könnte schwerlich behaupten, dass das eine harmonische Gesellschaft ist. Es ist auch nicht absehbar, dass sie das jemals sein wird.

Wohltätigkeitsorganisationen kämpfen zwar gegen den Mangel und die Not der Menschen an, aber im Wettkampf mit dem Egoismus auf der anderen Seite vermögen sie nicht zu siegen.

Die Menschen in der *Ersten Welt* schließen sich immer mehr ab in ihre Häuser, vor ihre Fernseher, wo sie ein Leben mit einem niedrigen Bewusstsein führen. Die moderne Technologie trennt mehr als dass sie verbindet. Die Menschen verbringen mehr Zeit mit den Computern und Fernsehern als mit anderen Menschen.

Die traditionellen Religionen in der *Ersten Welt* verlieren immer mehr an geistiger Kraft. Sie werden auch selbst Opfer des modernen Lebensstils. Sie ziehen immer weniger aufrichtige Gläubige an und geben mit ihrer Oberflächlichkeit manchem Machthaber oder Reichen mit einem niedrigen Bewusstsein Rückendeckung. Es genügt, der Kirche äußere Zeichen der Hochachtung zu geben, ohne vertieftes Suchen nach einem höheren Bewusstsein. Ein solcher Glaube kann die Welt nicht verändern.

ॐ

Die so genannte *Erste Welt* kann nicht einmal sich selbst geistig erheben, geschweige denn, dass man weltweite Änderungen durchführen könnte. Die Politik der *Ersten Welt* ist eine egoistische Politik. Sie interessiert sich nur für ihre eigenen Interessen, nicht für jene der Menschheit als Ganzes.

Die Welt bietet ein dunkles Bild. Die Reichen versuchen nicht ernsthaft, die Armut in der *Dritten Welt* zu verringern. Es kommt noch immer zu ungerechten Kriegen und die Politiker der mächtigen Staaten können oder wollen diese nicht einstellen. Die Organisation der Vereinten Nationen ist völlig machtlos, weil sie von den Interessen der großen Staaten blockiert wird.

Es gibt immer mehr Terrorismus, der eine spontane, aber irregeleitete Antwort auf das Unrecht in dieser Welt ist. Er bedroht die *Erste Welt* und diese zieht sich in der Folge immer mehr auf sich zurück, versinkt immer mehr in Furcht und verringert ihre Freiheiten. Man könnte sagen, dass sie die Ebene ihres Bewusstseins verringert.

Die verarmten Menschen der *Dritten Welt* üben Druck auf die reichen Staaten aus und möchten dort die Möglichkeit haben, ein besseres Leben zu führen. Aber diese Staaten schließen ihre Tore, bauen neue Mauern, erhöhen die Polizeirepression, um sich vor ihnen zu schützen. Wenn es notwendig sein sollte, werfen sie sie ins Meer und nehmen nur jene auf, die sie für ihre wirtschaftliche Entwicklung benötigen.

Trotz aller menschenfreundlichen Deklarationen verhalten sich sogar die fortschrittlichsten Staaten extrem egoistisch und schließen ihre Tore vor jenen, die in Not sind. Auch wenn einzelne karitative

Organisationen oder sogar Politiker etwas anderes wollen, rennen sie schnell gegen die Mauern des allgemeinen Egoismus und des niedrigen Bewusstseins ihrer Bürger an.

ॐ

Wenn wir dem noch hinzufügen, dass wir unseren eigenen Planeten Erde zerstören, wird das Bild noch dunkler.

Obwohl der Mehrheit der Menschen klar ist, dass der Planet zerstört wird, können sie nichts tun, um das zu verhindern. Die bestehenden Muster der wirtschaftlichen Entwicklung führen zur Vernichtung der Welt. Doch der Profit als Leitprinzip der wirtschaftlichen Tätigkeit ist blind für die Interessen der Erde und der Menschheit.

Die Politik kann sich jedoch aus der Umarmung durch die Interessen des Kapitals und des Egoismus nicht befreien und kann keine ernsthafte Aktion zur Rettung des Planeten durchführen. Die Politiker agieren oft als Marionetten der Interessen im Hintergrund.

ॐ

Obwohl in dieser schlechten Welt viele Einzelne ihr Bewusstsein immer mehr entwickeln und die Dinge gerne zum Besseren verändern möchten, sind die Gegenkräfte stärker.

Man kann sich nur schwer vorstellen, dass es ihnen gelingen wird, die Gesetzmäßigkeiten dieser Welt zu ändern, damit das Ungleichgewicht verschwindet und diese Welt harmonisch und ausgewogen wird.

Im Hinblick auf den jetzigen Zustand und die Aktivität der Welt müsste etwas ganz Neues und Unerwartetes geschehen.

Wir können in aller Ruhe
mit unserer isolierten
Entwicklung fortfahren,
bis die Erde zu einem
bestimmten Zeitpunkt so
zerstört sein wird, dass man
auf ihr nicht mehr leben kann.

Selbstzerstörung

Was könnte auf dieser Welt geschehen, damit die bisherigen Trends umgekehrt werden und der bestehende Zustand radikal geändert wird?

Nichts Gutes. Den Menschen stehen mehrere Möglichkeiten offen, wie sie die Welt zerstören können.

Wir können in aller Ruhe mit unserer isolierten Entwicklung fortfahren, bis die Erde zu einem bestimmten Zeitpunkt so zerstört sein wird, dass man auf ihr nicht mehr leben kann. Und die Möglichkeit, dass in der Zwischenzeit eine Technologie entwickelt wird, damit die Menschheit an einen Ort im Weltall gebracht wird?

Ich zweifle daran. Vielleicht träumt eine Elite davon, sich zu retten, obwohl sie doch selbst nichts dazu getan hat, die Welt zu retten. Fürs Erste sieht es nicht danach aus.

Es gibt auf dieser Welt noch immer so viel angehäufte Waffen, dass es nicht schwer ist, sich einen zukünftigen Krieg vorzustellen, der die Welt zerstören wird. Es hat sich doch schon jetzt gezeigt, dass die Menschen aus der Geschichte nicht eben viel gelernt haben.

Terroristen können die Welt zerstören, wenn es ihnen gelingt, genug Waffen in ihre Gewalt zu bekommen. Auch das ist vorstellbar im Hinblick auf die Waffen dieser Welt. Vielleicht ist das nur eine Frage der Zeit.

ॐ

Einige sehen in der Entwicklung der Technik die Rettung der Welt. Alle Fragen sollen durch sie gelöst werden: vom Energiemangel bis zur sauberen Umwelt.

Doch wird die Entwicklung der Technologie nicht von einer Hebung des Bewusstseins der Menschen begleitet. Das bedeutet, dass Menschen mit einer niedrigen Bewusststeinsstufe eine hoch entwickelte Technologie handhaben werden. Sie werden nicht fähig sein, im Interesse der Menschheit aktiv zu werden. Sie arbeiten nur für sich oder für die Gruppen, mit denen sie sich identifizieren. Deshalb kann eine hoch entwickelte Technologie für diese Welt noch zusätzlich gefährlich werden.

Insbesondere die genetischen Veränderungen und das Klonen sind eine Gefahr. Wenn sich Wissenschaftler mit einer niedrigen Bewusstseinsstufe mit diesen Gebieten beschäftigen, können die Folgen für die Menschheit katastrophal sein.

Menschen mit einer niedrigen Bewusstseinsstufe werden die Rolle des Schöpfers übernehmen und mit der Schöpfung von Lebewesen spielen. Wohin kann das führen? Nicht einmal die üppigste Phantasie kann sich dann alle Folgen vorstellen. Klar ist nur, dass es eine große Bedrohung für die Menschheit ist, wenn man mit dem Leben spielt.

Was werden Wissenschaftler mit einer niedrigen Bewusstseinsstufe noch erschaffen? Neue Wesen, die sich ihrer Kontrolle entziehen. Und das wird nicht schwer sein, hat es sich doch bis jetzt gezeigt, welche Kotrolle der Mensch über sein Schicksal hat.

ॐ

Die Welt, in der wir leben, hat offensichtlich viele Zerstörungsmechanismen eingebaut. Die Annahme, dass diese Welt sich an einem bestimmten Punkt selbst zerstören wird, ist eine sehr reale.

In einer Welt der niedrigen Bewusstseinsstufe kommt das nicht von ungefähr. Die Menschen fühlen sich untereinander nicht verbunden, sie fühlen sich von der Natur nicht gemeinsam mit allen anderen Lebewesen abhängig.

ॐ

Das Ende der Welt wird schon sehr lange vorausgesagt. Manche sagten es für den Übergang vom zweiten zum dritten Jahrtausend nach Christus voraus.

Als es dann zur Jahrtausendwende kam und nichts geschah, atmeten die Menschen auf und sagten: Diese Welt lebt weiter, wir alle werden wie bisher weiterleben.

Und doch haben sie keinerlei Grund zum Aufatmen. Alle Propheten waren menschlich. Vielleicht hatten sie eine Ahnung, vielleicht sprach die Intuition zu ihnen, sie konnten nur nicht genau den Zeitpunkt des Untergangs der Welt voraussagen.

Auch die Religionen haben das Ende dieser Welt vorausgesagt. Sie sprachen vom Gottesurteil, das dann vollzogen wird. Damit einhergehen soll die Belohnung oder die Strafe für das irdische Leben.

Wenn wir das in unsere Sprache übersetzen, könnten wir sagen, dass die Seelen, die das Leben in dieser Welt des Leids und des Übergangs für eine Hebung des Bewusstseins genutzt haben, in einer besseren, harmonischeren Welt auf einer hohen Bewusstseinsstufe noch einmal leben werden.

Jene aber, die diese Gelegenheit nicht genutzt haben und sich dem Egoismus, dem gewissenlosen Genuss und dem Vordrängen in dieser Welt hingegeben haben, werden dazu verurteilt, wieder in der Welt der niedrigen Bewusstseinsstufe zu leben.

Vielleicht wird das eine Welt ohne Übergang, ohne Möglichkeit für eine Hebung des Bewusstseins sein.

ॐ

Wenn dem so ist, haben jene Menschen, die dieses Leben für materielle Werte zur Erhöhung ihrer selbst, zur Anhäufung von Reichtümern auf Kosten anderer nützen, vielleicht Recht, weil es nach diesem Leben nichts anderes gibt.

Aber sie haben Recht, dass dies nur für sie gilt. Nur für sie.

Für alle jene, die durch das Leid auf dieser Welt ihr Bewusstsein gehoben haben und ihren Egoismus überwunden haben, gilt das nicht.

Für sie wird diesem Leben ein neues Leben in einer Welt mit einer hohen Bewusstseinsstufe folgen. In einer harmonischen Welt, in der sie die Verbundenheit mit allen Lebewesen, mit der Natur und der Schöpfung spüren werden.

Der Egoismus, der oft
mit einem bequemen Leben
verbunden ist, führt den
Menschen in die Entfremdung
von seinem eigentlichen Sein.

Selbstrealisierung des Bewusstseins

ॐ

Würde die heutige Welt zerstört, dann wäre das nicht die erste Zerstörung einer Zivilisation. Das ist schon mehrmals geschehen. Erinnern wir uns nur an die Zivilisation der Maya, die eine hohe Blüte erreicht haben soll und danach ganz verschwand. Die Legende sagt, dass sich zahlreiche Personen in den Himmel erhoben hätten, die Mehrheit aber vernichtet worden sei.

Dies könnten wir mit unseren Gedanken verbinden. Einzelne haben mit ihrer Lebensweise und mit ihren geistigen Riten einen so hohen Bewusstseinszustand erreicht, dass sie sich dem kosmischen Bewusstsein angenähert haben und in dieses eingetreten sind. Die Mehrheit der Menschen aber konnte sich nicht über ihr physisches Bewusstsein erheben und starb mit ihrer Zivilisation.

Sie können unmittelbar in das kosmische Bewusstsein eingehen, werden als Teil des kosmischen Bewusstseins verwirklicht und sind untereinander verbunden, wenn auch selbständig.

ॐ

Die Religionen erzählen von solchen Menschen. Im Christentum werden sie *Heilige* genannt. Im Buddhismus sagt man, dass ein Mensch den *Buddha-Zustand* erreicht hat. Im Hinduismus sagt man, dass eine Seele selbstrealisiert wurde.

Ist dies das Ziel, das wir anstreben? Sehr wahrscheinlich ist es das.

Wer hat es erreicht? Welche Menschen waren das?

Menschen wie du und ich, die mit derselben Bewusstseinsstufe geboren wurden wie alle anderen. Aber sie haben erkannt, dass die materielle Welt nur eine kurze Täuschung ist, die uns von unserer Sendung abbringt. Auch wenn sie sich der Welt hingaben, wussten sie darauf zu verzichten.

Sie suchten das Geistige und die Berührung mit dem höheren Bewusstsein. Sie erkannten die kosmischen Prinzipien und Gesetzmäßigkeiten und sie begannen danach zu leben.

Sie überwanden ihr physisches Ich auf dieser Welt, spürten die Verbundenheit mit allen Lebewesen, der Natur und der Schöpfung. Sie stellten eine intuitive Verbindung mit dem kosmischen Bewusstsein her.

Nichts auf dieser Welt konnte sie noch betreffen oder aus der Bahn werfen. Sie wurden in ihrem Bewusstsein ein Ganzes. Sie waren sich der Vergänglichkeit dieser Welt bewusst und verfingen sich nicht in ihren Fallstricken.

Sie fühlten mit den anderen Lebewesen und versuchten, ihnen zu helfen.

Die Menschen kamen zu ihnen auf der Suche nach Zuflucht und Hilfe. In ihnen sahen sie die Verbindung mit dem Göttlichen. Sie spürten ihre höhere Energie.

ॐ

Wenn wir von diesem Standpunkt aus auf die Schöpfung sehen, sehen wir unsere Welt und unser Leben plötzlich ganz anders.

Es ist kein Vorteil mehr, ein Kind reicher Eltern zu sein und ein angenehmes Leben ohne Leid zu haben. Denn diese Menschen werden in ihrem behaglichen Dasein nur in vergänglichem Genuss schwelgen. Sie werden ihr Bewusstsein nicht heben. Und nicht die Gelegenheit nutzen, die ihnen das Leben auf dieser Welt bietet.

Im Gegensatz dazu werden jene, die in schwierigen Verhältnissen leben, die sich mit dem Leben quälen, ihr Bewusstsein eher heben. Sie entwickeln eher Mitgefühl und Güte und spüren ihre Verbundenheit mit der Schöpfung.

ॐ

Der Egoismus, der oft mit einem bequemen Leben verbunden ist, führt den Menschen in die Entfremdung von seinem eigentlichen Sein. Er führt ihn weg vom kosmischen Bewusstsein.

Das Ich des Menschen, das ihm auf dieser Welt so wichtig ist, wird zum Haupthindernis bei der Erreichung eines höheren Bewusstseins.

Alle Heiligen, alle Buddhas, alle erleuchteten Seelen verstanden es, ihr Ich, ihren Egoismus und ihre Entfremdung vom kosmischen Bewusstsein zu überwinden.

Man könnte sagen, dass der Mensch selbst sein größter Gegner ist.

Seine Gebundenheit an sein Ich, an seine physische Form, an dieses Leben, führt ihn fort von seinem Wesen und von seinem wahren Ziel.

Die Täuschung dieses Lebens ist mächtig. Gegen die Überzeugung des Menschen, dass dieses Leben ein Selbstzweck ist, kann man schwer ankommen. Seine Neigung, dieses Leben nur für die vergänglichen Güter dieser Welt zu nutzen, ist sein größter Irrtum.

ॐ

Und dieser Irrtum wird den Menschen oder besser gesagt sein Bewusstsein, seine Seele, teuer zu stehen kommen. Für vergängliche Freuden auf dieser Welt wird er das unendliche Zusammenleben im kosmischen Bewusstsein vergeuden. Und in einer Welt mit niedriger Energie und niedrigem Bewusstsein enden. In einer ausweglosen Welt, einer Welt ohne Güte, ohne Mitgefühl und Gnade.

Wenn die heutige Zivilisation zerstört sein wird, wird es vielleicht das Ende dieser Übergangswelt sein. Vielleicht ist unsere Zeit die letzte Gelegenheit für den Übergang auf eine höhere Bewusstseinsstufe.

Und wenn dem so ist, ist das Leben, das wir jetzt leben, die letzte Gelegenheit für unser Bewusstsein, für unsere Seele, sich zu erheben und dorthin zurückzukehren, woher sie gekommen ist. Zum kosmischen Bewusstsein. Zu all jenen, die schon ein erleuchtetes Bewusstsein erreicht haben. Damit die Seele nach Hause zurückkehren kann.

Das immer schnellere Tempo des materiellen Lebens zieht den Menschen in seinen Bann und gibt ihm keine Gelegenheit mehr innezuhalten, Luft zu holen, über sich und sein Leben nachzudenken.

Bewusstsein gegen Egoismus

ॐ

Wenn unser jetziges Leben die letzte Gelegenheit dazu ist, unser Bewusstsein zu heben, was bedeutet das?

Die Vergeudung des Lebens für ein egoistisches und angenehmes Dasein auf dieser Welt kann schicksalhafte und endgültige Folgen haben. Wir werden kein höheres Bewusstsein erreichen, das uns den Übergang in eine bessere, harmonischere Welt sichert, sondern endgültig in einem niedrigen Bewusstsein verharren und der Welt der niedrigen Energien ohne Umkehrmöglichkeit überlassen bleiben. Im Christentum nannte man eine solche Welt die Hölle.

ॐ

Es fällt uns schwer, das anzunehmen. Wir sind so fest in dieser jetzigen Welt verankert, dass sie uns endgültig scheint. Alles andere scheinen uns leere Phantasien zu sein. Wir glauben an das, was wir sehen, was wir berühren können.

Wir glauben nur an das Körperliche, aber das Bewusstsein und die Energie sind nicht wahrnehmbar. Wir glauben nur an Erfahrungen auf dieser Welt. Alles andere müsste uns jemand beweisen. Aber wer hat schon bewiesen, dass das kosmische Bewusstsein existiert?

Niemand. Es geht um uns, nicht um das kosmische Bewusstsein. Es geht um unsere Seelen, unser Bewusstsein. Die Schwierigkeit unserer Prüfung auf dieser Welt liegt darin, dass ein niedriges Bewusstsein sich mit dem kosmischen Bewusstsein nicht verbunden fühlt. Wir müssen uns erst bis zu einem höheren Bewusstsein durchringen, damit wir diese Verbundenheit spüren.

Dann werden wir wissen, dass ein höheres Bewusstsein als unseres existiert. Dass es bereit ist, uns zu helfen, unser Bewusstsein noch mehr zu heben und zu ihm zurückzukehren.

ॐ

Solange wir uns auf einer niedrigen Bewusstseinsebene befinden, werden wir das nicht glauben. Die Herrscher dieser Welt bleiben für uns das Geld, die Macht, Ehre, Genuss, der Hochmut und der Egoismus.

Ja, der Egoismus. Wir wünschen uns alles nur für uns selbst und für unsere Familie. Für Menschen, mit denen wir verbunden sind und die in diesem Sinn „unsere“ Leute sind. Schon dieser Ausdruck beweist, dass wir sie in irgendeiner Weise als Eigentum betrachten. Sie gehören zum erweiterten „Ich“. Für sie sind wir noch bereit etwas zu tun und dann hört unsere Menschenfreundlichkeit schon wieder auf.

Die anderen sollen für sich selbst sorgen. Wenn sie leiden, ist das ihr Problem. Wir sind nicht dazu verpflichtet, ihnen zu helfen. Sie sind selbst schuld, wenn sie nicht richtig zu leben verstehen.

Dieser Egoismus, der das Hauptmerkmal des niedrigen Bewusstseins ist, ist unser größtes Problem auf dem Weg zum höheren Bewusstsein.

Und die heutige hoch entwickelte Welt betont gerne unser Ich, unsere Besonderheit, unsere Einzigartigkeit als großen Wert. Darin liegt viel Wettkampfgeist, viel Kampf um Prestige, äußere Anerkennung und Karriere um materielle Werte in unserem Leben.

Das immer schnellere Tempo des materiellen Lebens zieht den Menschen in seinen Bann und gibt ihm keine Gelegenheit mehr innezuhalten, Luft zu holen, über sich und sein Leben nachzudenken. Es gibt ihm keine Gelegenheit, seine inneren Empfindungen und seine Intuition zu entwickeln.

Die Massenmedien, insbesondere das Fernsehen, füllen jene Stunden aus, die dafür verwendet werden könnten, in sich zu gehen und zu versuchen, in sich selbst noch etwas anderes zu finden als den leeren Wettkampf des heutigen Lebens.

All das wird begleitet von nervlichen Belastungen, von Anspannung, schlechter Ernährung, was oft zu Krankheiten führt. Heute sterben die Menschen am häufigsten an so genannten Zivilisationskrankheiten, die durch den modernen Lebensstil bedingt sind.

ॐ

Für manch einen ist so eine Krankheit jedoch ein wahrer Segen. Es ist die Gelegenheit, im sinnlosen Lebenswettkampf innezuhalten und sich bewusst zu werden, dass mit dem bisherigen Leben etwas nicht in Ordnung ist.

Ein solcher Mensch wird beginnen, anders zu leben. Er wird beginnen, sich seiner selbst und der Welt um sich herum bewusst zu werden. Er wird seine sinnlose Selbstzerstörung erkennen und beginnen, seine Prioritäten zu ändern.

Er wird selbst nicht mehr so wichtig sein, um nicht die Not der zahlreichen Lebewesen um ihn herum wahrzunehmen. Er wird ihre Nähe spüren. Er wird wieder mit der Natur in Berührung kommen. Er wird die Schöpfung und seine physische Vergänglichkeit wieder wahrnehmen.

Er wird sein Bewusstsein entwickeln und die Last der niedrigen Bewusstseinsstufe verspüren.

Er wird sich der Fesseln dieser Welt entledigen, der Verzauberung durch die materielle Welt und befreit ein höheres Bewusstsein erlangen.

ॐ

Natürlich ist Krankheit nicht die einzige Gelegenheit, ein höheres Bewusstsein zu erreichen. Es gibt noch andere Möglichkeiten und im Folgenden werden wir uns darüber unterhalten.

Aber eine Krankheit ist ein interessantes Beispiel, weil sie darauf hinweist, dass der Betreffende einen plötzlichen Schock braucht, um aus seinem Verharren im niedrigen Bewusstsein aufzuwachen.

Dieser Schock wird in der Regel durch Leid begleitet, das den Menschen erschüttert und läutert.

ॐ

Tragödien haben ähnliche Wirkungen. Wenn bei Naturkatastrophen viele Menschen sterben und leiden, kann es zu einer Hebung des Bewusstseins von vielen Menschen kommen.

Die Menschen werden sich plötzlich ihrer Vergänglichkeit und ihrer Verbundenheit untereinander bewusst. Sie haben Mitgefühl für den anderen und helfen einander.

Das gleiche gilt für Kriege, die das gewöhnliche Leben der Menschen unterbrechen und eine plötzliche Massenbedrohung darstellen.

Überhaupt führt erst ein niedriges Bewusstsein zum Krieg. Und im Krieg töten Menschen mit einem niedrigen Bewusstsein ohne Gnade und quälen andere Menschen. Diese heben ihr Bewusstsein oft durch das Leid.

Wenn der Krieg zu Ende ist, erschrecken die Menschen über sich selbst und ihre Gräueltaten. Wenn sie diese schon nicht selbst begangen haben, so haben sie doch nicht viel getan, um sie zu verhindern. Das Gewissen erwacht in ihnen. Deshalb folgen schlimmen Kriegen oft Zeiten eines gehobenen Bewusstseins, in denen die Menschen sich zu bessern versuchen, damit sich diese furchtbaren Gräueltaten nicht wiederholen.

ॐ

Dann kann es zu einer positiven und konstruktiven Zusammenarbeit von vielen Menschen kommen, auch von Politikern. So war es etwa nach dem Zweiten Weltkrieg, als die Menschheit in ihrem Erschrecken über sich selbst fortschrittliche Einrichtungen geschaffen hat, die den Frieden sicherstellen sollten. Zum Beispiel die Organisation der Vereinten Nationen oder die Europäische Union.

Damals gelang es den Menschen und Nationen, mit denen sich die Menschen identifizieren, einen Augenblick lang ihren Egoismus zu überwinden. Sie fühlten sich untereinander verbunden und sorgten sich um die Menschheit.

ॐ

Aber mit den Jahren und Jahrzehnten ist die Erinnerung an den Krieg verblasst. Nun geschehen Kriege irgendwo anders, in der *Dritten Welt*. Und das betrifft uns nicht sonderlich.

Wir sind wieder egoistisch und selbstverliebt geworden und leben wieder im niedrigen Bewusstsein. Doch die neue Katastrophe ist schon nah. Wenn unser Bewusstsein entwickelt wäre, würden die Sensiblen dies schon ahnen und die drohende Ankunft spüren.

Viele sind beharrlich auf der Suche und erreichen schließlich den Kontakt mit dem höheren Bewusstsein.

Die Letzten werden die Ersten sein

ॐ

Kann man nur durch Leid zu einem höheren Bewusstsein gelangen? Braucht es wirklich einen Schock, der unser Leben erschüttert und unser Bewusstsein weckt? Geht es nicht auch anders?

Es gibt auch andere Möglichkeiten, doch braucht die Mehrzahl der Menschen einen Schock, wie ihn Krankheit, Unglück und Krieg verursachen und der Leid mit sich bringt.

ॐ

Die Religionen haben das Bewusstsein der Menschen gehoben.

In früheren Zeiten hat der Mensch seinen Verstand nicht zum Götzen gemacht. Er hat nicht versucht, die Welt nur mit ihm zu verstehen und er konnte leichter glauben, dass es ein Bewusstsein gibt, das jenes des Menschen übersteigt.

Dieser Glaube war oft primitiv, aber es war ein Glaube, der ihm dabei half, aus sich zu gehen und das höhere Bewusstsein um Hilfe zu bitten. Er hat seinem Verstand nicht erlaubt, ihn davon zu überzeugen, dass die Welt nur nach ihm geschaffen wurde, dass der Mensch der Herrscher ist und dass er nur den Gesetzmäßigkeiten dieser Welt zu folgen hat.

Im Lauf seiner Entwicklung wurde der Mensch selbstbewusster. Als er die Naturgesetze entdeckte und die Wissenschaft sich entwickelte, gewann der Mensch die Überzeugung, dass er mit seinem Verstand alles verstehen und erklären kann.

Der Verstand verdrängte das intuitive Zufluchtnehmen beim höheren Bewusstsein. Der Mensch begann sich einzubilden, dass er selbst die Natur und die Welt beherrschen wird und machte sie sich untertan.

Damit wuchs sein Hochmut, sein Ego. Er fürchtete immer weniger, sich für seine irdischen Taten verantworten zu müssen. Da er das höhere Bewusstsein weder mit seinem Verstand noch mit der Wissenschaft erfassen und beweisen konnte, hörte es für ihn auf zu bestehen.

Er war nun allein auf der Welt und nur sich selbst gegenüber verantwortlich.

ॐ

So kann die Welt beschrieben werden, die vom Menschen beherrscht wird. Wir haben auch seine Unfähigkeit beschrieben, die selbst zerstörerischen Mechanismen, die ihn in den Abgrund führen, aufzuhalten.

ॐ

Die Herrschaft des Verstandes wurde auch von der Dekadenz der Religion begleitet. Die Religionen sind oft nicht mehr imstande, jene geistige Kraft zu entfalten, die das Bewusstsein auf eine höhere Ebene führen würde und wirklich Gläubige anziehen kann.

Die religiösen Riten sind oft zum Selbstzweck geworden, zu einem Teil der Lebensroutine und zu einer Gewohnheit, die fortgeführt wird, ohne sich ihrer Bedeutung bewusst zu sein.

Das gilt insbesondere für die *Erste Welt*. Die religiösen Einrichtungen wurden zu verknöcherten Institutionen und beschäftigen sich oft mehr mit sich selbst als mit dem Glauben und der Bewusstseinsentwicklung. Zusammen mit anderen Einrichtungen haben sie es sich in den Niederungen des modernen Lebens gemütlich gemacht.

ॐ

Das gilt jedoch nicht für alle Kultstätten und für alle Geistlichen. Viele sind beharrlich auf der Suche und erreichen schließlich den Kontakt mit dem höheren Bewusstsein. Nur dass ihr Einfluss in der heutigen Konsumwelt nicht sehr groß ist, weshalb sie ihren Zustand nicht wesentlich verändern können.

Aber es ist jeder Mensch wichtig, dem geholfen wird, sich seiner physischen Vergänglichkeit bewusst zu werden, eine höhere Bewusstseinsebene zu erlangen und ein besserer Mensch zu werden, indem er versucht, nach den Prinzipien des höheren Bewusstseins zu leben.

Deshalb bleibt die Religion einer der grundlegenden Wege zur Erreichung einer höheren Bewusstseinsebene.

ॐ

In der *Dritten Welt* ist vieles anders. Die Menschen führen ein schweres Leben in Armut. Sie leiden mehr und sterben früher. Wenn Unrecht geschieht, nehmen sie Zuflucht zum Glauben und suchen darin Rettung und Erlösung.

Auch die Geistlichen sind sich des Ungleichgewichtes dieser Welt eher bewusst und vermitteln den Glauben nicht routinemäßig und oberflächlich. Sie fühlen mit den Menschen, die in Not sind und die sie brauchen. Die Riten sind kein Selbstzweck. Die Menschen bitten Gott im Gebet um Hilfe und nähern sich ihm damit.

Gemeinsam erreichen die Geistlichen und die Gläubigen eine höhere Bewusstseinsebene. Ebenso die zahlreichen Missionare, die den Menschen in den am meisten bedrohten Gebieten beistehen. Ihre Bemühungen sind selbstlos, aufrichtig und haben nichts mit dem Wunsch nach Reichtum, Macht und äußerer Anerkennung zu tun.

Die Anerkennung, die sie suchen, ist von anderer Art. Es ist die Anerkennung und die Erkenntnis, dass sie sich dem höheren Bewusstsein angenähert haben.

ॐ

Die großen traditionellen Religionen haben in der *Dritten Welt* einen großen Einfluss auf das Leben der Menschen beibehalten. Wahrscheinlich trug dazu auch die Tatsache bei, dass sie im Wesentlichen eine Welt der Armut und des Leids ist. Aber auch hier verblasst ihr Einfluss. Besonders in den großen Städten, wo der Lebensstandard ein höherer ist, dominieren die Konsummentalität und die Gewohnheiten der *Ersten Welt.*

Buddhismus, Islam, Hinduismus und das Christentum durchdringen das Leben der Gläubigen mehr als in der *Ersten Welt.*

Wenn wir das Leben der tibetanischen Buddhisten betrachten, können wir feststellen, dass die Riten mit dem alltäglichen Leben verflochten sind und die Gläubigen ständig an die Vergänglichkeit erinnern und sie auf das höhere Bewusstsein verweisen. Oft ist es auch im Islam und im Hinduismus so.

ॐ

Und was ist mit den anderen, die nicht in die traditionellen oder neuen Religionen eingebunden sind? Gibt es für sie keinen Weg zum höheren Bewusstsein? Kann ein Atheist ein höheres Bewusstsein erreichen?

In dieser Frage liegt ein interessanter Widerspruch. Atheisten glauben nicht an ein höheres Bewusstsein. Können sie sich ihm trotzdem annähern?

Auch diese Frage werden wir versuchen zu beantworten.

Jeder kann dem anderen Licht in der Dunkelheit sein und wir können uns gegenseitig ermuntern auf dem Weg zum höheren Bewusstsein.

Ohne Religion zum höheren Bewusstsein

ॐ

Viele Menschen glauben heute nicht an ein höheres Bewusstsein als das menschliche. Sie glauben nur an den Menschen und an seinen Verstand.

Trotzdem können auch sie gute Menschen mit einem höheren Bewusstsein sein oder werden.

Das Ungleichgewicht der heutigen Welt kann auch mit dem Verstand erfasst werden. Auch wenn man nicht daran glaubt, dass die guten Taten in einer anderen Welt belohnt werden, werden viele Menschen versuchen Gutes zu tun, Unrecht zu verringern und Menschen in Not zu helfen.

Diese Menschen sind sich auch des Verfalls der Welt bewusst. Sie machen auf ökologische Probleme aufmerksam und organisieren sich, um die Politik zu beeinflussen.

ॐ

Dabei sind die aufrichtige Überzeugung und das Bemühen wichtig, denn es darf nicht aus einem Bedürfnis nach äußerer Anerkennung heraus oder aus dem Bedürfnis danach, sich selbst zu beweisen, geschehen.

Es ist wichtig, dass sie die Verbundenheit mit anderen Lebewesen und der Erde wirklich spüren, dass sie kein Selbstzweck sein möchten und nicht nur egoistischen, kurzlebigen Genuss suchen. Denn sie können in ihrem Schrebergarten nicht ruhig leben, wenn andere leiden.

Solche Menschen sind dazu fähig, ihr Ich zu überwinden und ihr Bewusstsein zu erweitern. Sie füttern ihr Bewusstsein nicht damit, dass sie ein gefälliges Selbstbild zimmern. Manch einer geht in eine der zahlreichen Fallen, die uns von unserem eigenen Ich gestellt werden. Statt ein höheres Bewusstsein zu erreichen, spielen wir dann nur eine Rolle, die wir geschaffen haben. In Wirklichkeit sind wir das gar nicht. Dann drehen wir uns weiter im Kreis des scheinbaren Bewusstseins und der tatsächlichen Bindung an das physische Ich.
Aber ein solches Spiel endet früher oder später und dann bricht der Egoismus durch.

ॐ

Wer aber wirklich seine Bewusstseinsebene hebt, kann trotz des Glaubens an den Verstand mehr als das spüren. Die innere Stimme, die ihn auf den Weg der Gerechtigkeit, des Mitgefühls und der Verbundenheit mit der Schöpfung führt, diktiert ihm die Regeln, die nicht von dieser Welt sind.

Solche Menschen streifen den Egoismus und die Selbstverliebtheit ab und öffnen sich der Intuition, die sie zu guten Taten hin führt. Sie führt sie zum höheren Bewusstsein, ob sie sich nun dessen bewusst sind oder nicht.

Wie kann nun jemand, der nicht religiös ist und der keinen richtigen Lehrer hat, der ihn auf den richtigen Weg schickt, dorthin kommen?

Er muss in seinem Leben auf der Suche sein. Wenn er nie daran gedacht hat, dass sein Leben leer ist und unausgefüllt, wird er wohl kaum den Sprung auf eine höhere Bewusstseinsebene schaffen.

Wenn er sich aber nur einen Augenblick lang dessen bewusst wird, dass das Leben an ihm vorbei geht, wird er an diesem Gedanken festhalten. Er muss in seinem Gefühl der Leere innehalten und sich fragen, womit er sie auffüllen kann. Er muss sich umsehen und die Welt mit anderen Augen sehen.

Nichts darf für ihn selbstverständlich und unveränderlich sein. Die Lebensmuster, die er gekannt hat, können sich auflösen. Man soll sie nicht ohne Reflexion annehmen und sich dessen bewusst sein, wozu sie dienen und wohin sie führen.

Er soll sich der anderen Lebewesen bewusst werden. Wirklich bewusst werden, nicht nur oberflächlich, wie davor. Er soll ihnen helfen und ihnen gegenüber aufmerksam sein, er soll nicht nur sich selbst und seine Bedürfnisse sehen.

Er wird spüren, dass das Geben ihn mit großer Zufriedenheit erfüllt.

So wird er das Bewusstsein von sich selbst und der Welt ausweiten und auf eine höhere Ebene heben. Es werden sich ihm neue Wege öffnen, die er davor in seiner Selbstverliebtheit überhaupt nicht bemerkt hat. Das Leben wird nicht mehr ins Leere laufen und sinnlos sein und der Geist wird nicht mehr der Gefangene und Sklave des Körpers sein.

ॐ

Wir sind uns dessen bewusst, dass dies wegen unserer Bezogenheit auf die Welt des niedrigen Bewusstseins nicht einfach durchzuführen ist.

Die Menschen können sich gegenseitig helfen und gemeinsam ihr Bewusstsein heben. Jeder kann dem anderen Licht in der Dunkelheit sein und wir können uns gegenseitig ermuntern auf dem Weg zum höheren Bewusstsein. Vielleicht genügt schon ein Anfangsimpuls.

Jedes erwachte Bewusstsein ist eine große Errungenschaft. Damit ist vielleicht mehr getan, als wenn wir jemandem in Not geholfen haben. Mit guten Taten und Mitgefühl haben wir vielleicht uns selbst am meisten geholfen.

ॐ

Gemeinsam kann man viel erreichen. Auf verschiedene Art und Weise, auf privater und öffentlicher Ebene. Die Massenmedien könnten auf dem Weg der Hebung des Bewusstseins eine sehr wichtige Rolle spielen.

Ihre Macht wirkt in beide Richtungen, denn sie können die Bewusstseinsebene der Massen heben oder senken. Deshalb ist auch ihre Verantwortung vor den kosmischen Gesetzen, denen sie nicht entkommen können, größer.

Obwohl auf der Welt die Macht des Bösen überwiegt, gibt es nicht wenige Menschen mit einem höheren Bewusstsein. Ihre Zahl wächst. Sie werden im Zeitraum, der vor uns liegt und der von ausschlaggebender Bedeutung ist, eine große Rolle spielen. Wir dürfen jedoch keine Zeit verlieren, weil wir nicht wissen, wann die Zeit abgelaufen ist. Vielleicht ist das schon bald, schon sehr bald der Fall.

Unser Bewusstsein spiegelt sich in unseren Taten.

Politik ohne Bewusstsein

Obwohl die Lage der Welt hoffnungslos scheint, müssen wir daran arbeiten, sie zu verbessern. Wenn wir ein genügend hohes Bewusstsein erreicht haben, können wir gar nicht anders handeln.

Wir werden nicht mit gekreuzten Armen dastehen und darauf warten, dass die Welt zugrunde geht. Unser Bewusstsein spiegelt sich in unseren Taten. Und durch unsere Aktivitäten heben wir es auf eine höhere Ebene. Wir müssen so viele Menschen wie möglich zu einer höheren Bewusstseinsebene verhelfen und sie dazu bringen, für eine bessere Welt zu arbeiten.

Auch die Politiker müssten schließlich ein höheres Bewusstsein erlangen. Dies ist jedoch nicht gerade leicht, weil sich gerade in der Politik am meisten Unstimmigkeiten angesammelt haben.

In der modernen Politik stehen der Einzelne und sein Ich im Mittelpunkt. Die Politiker wetteifern untereinander, wer nun gegenüber der Öffentlichkeit in einem besseren Licht dasteht. Das System wirkt so, dass die Politiker ihre Fehler zudecken oder sie verneinen. Nicht die Wahrheit ist wichtig, nur der äußere Anschein.

Zugleich zeigen sie mit dem Finger auf die politischen Gegner und beschimpfen sie, womit sie keinesfalls höhere Werte in die Öffentlichkeit tragen. Aufrichtigkeit und Wahrheitsliebe sind in der Politik eher die Ausnahme denn die Regel.

Der ständige Wettkampf mit den politischen Gegnern um Unterstützung in der Öffentlichkeit belastet die Politiker stark, weil es nicht leicht ist, diesen auszuhalten. Anstatt dass man sich mit inhaltlichen Fragen beschäftigt, welche die Bürger betreffen, geht viel Energie in den Wettkampf.

Sie verharren um jeden Preis im politischen Kampf. Ein Sieg schmeichelt ihrem Ego; Macht und Ehre noch mehr. Doch je mehr ihr Ich an sie gebunden ist, umso schwerer verzichten sie darauf. Sie werden also bereit sein, alles zu tun, um dies zu erhalten. Manches davon steht im Gegensatz zu den menschlichen Gesetzen, ganz zu schweigen von den kosmischen Gesetzen.

ॐ

Diese Politik kann weder durch Deklarationen noch durch menschliche Gesetze geändert werden. Nur ein höheres Bewusstsein könnte hier eine Veränderung bewirken und gerade dieses wird nur unter größten Schwierigkeiten auf dieses Gebiet vordringen.

Wenn ein Mensch mit einem höheren Bewusstsein in die Politik geht, wird er selten Erfolg haben, weil ihn so viele Schläge unter der Gürtellinie erwarten, gegen die er kaum etwas tun kann. Es kann geschehen, dass ihn Vieles treffen und aus dem Gleichgewicht werfen wird.

In den meisten modernen Demokratien ist es praktisch unmöglich Wahlen zu gewinnen, wenn es kein Geld für eine umfangreiche Wahlkampagne gibt. Und hier kommen das Kapital und seine Interessen ins Spiel. Es werden jene Politiker unterstützt, die im Interesse des Kapitals arbeiten.

Es ist beinahe unglaublich, in welch hohem Maß in den modernen Staaten, die ihre Demokratie als Vorbild der übrigen Welt sehen, das Kapital hinter den Kulissen darüber entscheidet, wer siegen wird.

Manchmal gehen die Interessen der Lobbies sogar in Richtung Krieg, der dem Kapital nützt, obwohl die Politiker die Öffentlichkeit davon überzeugen, dass es um Freiheit und Demokratie geht.

ॐ

Die Politik ist demnach für ein höheres Bewusstsein eine harte Nuss. Es ist schwer, durch sie die Welt zu verbessern, und das wird heute auch offensichtlich.

Ein zusätzliches Problem liegt in der Symbiose zwischen den modernen Religionen und dieser Art von Politik. Politiker gehen häufig in die Kirche und stellen sich den Staatsbürgern als treue Gläubige dar. Sie erwarten, dass ihnen dies bei den Wahlen nützlich sein wird. Wenn ein Politiker gläubig ist, kann er kein schlechter Mensch sein, so sollen die Bürger denken.

In ihren Handlungen halten sich die Politiker aber nicht an die göttlichen Gesetze, ganz im Gegenteil. Wenn sie das tun würden, könnten sie die Welt nicht so annehmen wie sie ist, ohne den

Wunsch zu haben, sie zu verändern. Sie versuchen dies jedoch gar nicht und akzeptieren die bestehenden Spielregeln, ohne Macht und Ehre zu verlieren, die für sie selbst so wichtig sind. Weil sie auf dem Gipfel sind, ist ihnen die Welt gleichgültig und weil sie Erfolg gehabt haben, hat es keinen Sinn, sie zu verändern.

Die politischen Aktionen zur Aufhebung der Armut in der Welt sind eher kosmetische Operationen als ernsthafte Projekte und richten sich vor allem an die gutgesinnten Teile der Öffentlichkeit im Sinn einer politischen Propaganda, als dass sie auf eine ernsthafte Lösung des Problems gerichtet wären.

Beim Umweltschutz unterliegt die Politik der modernen Industriestaaten mit einigen kleineren Ausnahmen den Interessen des Kapitals und ist ganz erfolglos. Im Interessenskonflikt zwischen Kapital und Umwelt verliert in der Regel die Umwelt und die Welt geht immer weiter ihrem Verfall entgegen.

ॐ

Manchmal melden sich die religiösen Würdenträger mit einem Aufruf zu einer gerechteren Welt zu Wort, aber das ist auch schon alles.

Auch die Politiker akzeptieren die Deklaration über eine bessere Welt, an die sich niemand hält.

ॐ

Es stellt sich die Frage, ob die religiösen Institutionen entschlossener an das Gewissen der Politiker und der Gläubigen überhaupt appellieren könnten. Wenn sie das Heilige auf dieser Welt darstellen, dann sollten sie das tun.

Um das tun zu können, müssten sie selbst auf einer hohen geistigen Ebene sein und Macht, Willen und den Eifer des frühen Christentums besitzen. Damals hat Christus die Welt verändert und den Menschen zu einer höheren Bewusstseinsebene verholfen.

Heute scheint diese Welt vielen, einschließlich der religiösen Würdenträger, unveränderbar und ihre Mechanismen unverrückbar.

Aber auch den Frühchristen hat sich die Welt so dargestellt. Das römische Imperium war eine unbesiegbare weltliche Macht. Die Christen wurden verfolgt, gequält und gekreuzigt und man warf sie den Raubtieren vor. Doch ihr Glaube war so stark, dass man sie nicht aufhalten konnte.

Schussendlich war das Christentum siegreich. Der Geist hat über die Materie gesiegt.

Doch nach zwei Jahrtausenden ist dieser Geist geschwächt. Die Religionen können die Welt nicht verändern, weil sie ihr Bestandteil geworden sind.

Nur jene Geistliche und Gläubige, die eine höhere Bewusstseinsebene erreicht haben, können das tun. Nur gibt es noch nicht genügend davon.

Am besten ist es, sich an seine engere Umgebung zu halten und dort so viel wie möglich zu bewegen.

Der Geist steht über der Materie

Über die Politik wird es kaum möglich sein, das Bewusstsein der Menschen zu entwickeln und die Welt zu verändern. Dies ist jedoch nicht der einzig mögliche Weg zu handeln.

Am besten ist es, sich an seine engere Umgebung zu halten und dort so viel wie möglich zu bewegen. Von Zeit zu Zeit sollte die Politik daran erinnert werden, dass sie mehr tun könnte.

Was können wir selbst tun?

Zunächst müssen wir an uns selbst arbeiten. Wenn wir begonnen haben, unser Bewusstsein zu erweitern, ist das erst der Anfang. Wir müssen darauf achten, dass uns die Welt des niedrigen Bewusstseins nicht wieder zu sich herunter zieht, dass wir nicht zu zweifeln beginnen und nicht kleinmütig werden.

Die Umgebung wird unserem Erwachen nicht positiv gegenüber stehen. Manch einer wird uns auslachen, wenn wir die festgefahrenen Muster des Egoismus, der oberflächlichen Genüsse und der materiellen Ziele verlassen.

Sie werden uns nicht verstehen, weil sie nicht verstehen können. Wir dürfen uns kein Verständnis von Menschen erwarten, die in den Niederungen des Egoismus versinken. Ihr Bewusstsein reicht nicht weit genug zu verstehen.

Wenn wir in ihnen auch nur einen Funken von Bewusstsein erwecken können, müssen wir fortfahren, daran zu arbeiten. Sonst ist es besser, sich abzuwenden und keine Energie mit Menschen zu verschwenden, die kein höheres Bewusstsein haben. Sie ziehen uns sonst nur zurück in den Sumpf.

Das niedrige Bewusstsein versteht nur die Sprache des Egoismus, der Macht und der materiellen Bestimmung. Die Sprache des hohen Bewusstseins legen sie als Schwäche aus, die sie ausnützen werden. Es ist am besten, wenn wir ihnen ausweichen und unseren Weg gehen.

ॐ

Leben wir unser Leben so bewusst wie möglich. Damit fallen die Routine und das unbewusste Handeln von uns ab. Versuchen wir, uns auf den Augenblick zu konzentrieren. Werden wir uns seiner Einmaligkeit und Unwiederholbarkeit bewusst. Erinnern wir uns daran, dass dieser Augenblick unsere Verbindung zwischen der Vergänglichkeit dieser Welt und der Unendlichkeit ist.

Er soll nicht ins Leere gehen, ohne uns zuvor berührt zu haben. Wenn wir ihn in unser Bewusstsein aufnehmen, spinnen wir einen Faden zum kosmischen Bewusstsein, zur Unendlichkeit.

Je mehr bewusste Augenblicke wir aufnehmen, umso höher erheben wir uns über das Nebelmeer des niedrigen Bewusstseins und der materiellen Bestimmtheit.

ॐ

Mit der Bewusstwerdung erhebt sich der Geist über die Materie, über das Gefangensein in der Welt. Wir sind dann nicht mehr die Gefangenen dieser Welt und des niedrigen Bewusstseins.

Wir werden uns keine Sorgen mehr darüber machen, was uns das Leben an Schlechtem bringen könnte. Wir werden keine Angst mehr haben. Wir werden wissen, dass es nichts gibt, vor dem wir uns im Leben fürchten müssen.

Alles, was uns geschehen kann, ist vergänglich. Wir sind nicht deshalb hier, um zu bleiben, sondern um die verlorene Verbindung mit der Unendlichkeit wiederherzustellen.

Je mehr Prüfungen es gibt, die uns aus dem bequemen Alltag reißen, umso früher und fester wird diese Verbindung hergestellt werden.

ॐ

Wir werden uns des Augenblicks, unserer selbst und der anderen Lebewesen bewusst und fühlen uns mit ihnen verbunden. Wir werden ihnen helfen und darin die Erfüllung finden. Wir werden die Welt um uns herum mit neuen Augen sehen und die Not der anderen bemerken. Die Not der Menschen und der Tiere.

Wir spüren ihre Zuneigung und ihr Verständnis. Auch ihre Seele ist aus dem gleichen Stoff wie unsere. Auch sie gehen durch Prüfungen und Leid wie wir.
Wir werden niemanden verachten oder hassen und wenn er sich noch so tief im Sumpf des niedrigen Bewusstseins befindet. Auch wir waren einst dort.

Diese Menschen werden uns leidtun, weil sie vielleicht den Weg zum höheren Bewusstsein nicht finden werden und die Verbindung mit dem kosmischen Bewusstsein nicht herstellen können.

ॐ

Wir werden mit unserem Schicksal nicht mehr hadern. Auch andere werden uns nicht mehr wütend machen können. Wenn uns dann doch der Zorn ergreift, bedeutet das, dass uns der Augenblick entgangen ist, weil wir nicht auf ihn geachtet haben. Wir haben impulsiv und unbewusst reagiert.

Doch im Lauf der Zeit wird das immer seltener geschehen. Wir werden immer ganzheitlicher werden. Das Geschehen dieser Welt wird uns nicht mehr aus dem Gleichgewicht bringen können. Wir werden alles in unser ganzheitliches Bewusstsein einordnen und von der Perspektive der vergänglichen und unvollkommenen Welt betrachten können.

Wir werden uns dessen bewusst, dass die Welt weder vollkommen noch gut sein kann und werden dies weder erwarten noch fordern. Deshalb wird uns die Welt auch nicht überraschen, enttäuschen oder traurig machen und auch nicht wütend machen.

Unser Bewusstsein wird es uns ermöglichen, eine Distanz zwischen der Welt und uns selbst zu errichten. Das ununterbrochene Bewusstsein darüber, was diese Welt ist und was der Sinn unseres Lebens hier ist.

ॐ

Wenn wir das Bewusstsein verlieren, verlieren wir auch die Distanz. Es würde uns wieder in den Strudel der Welt und in die Gier nach vergänglichem Genuss ziehen. Wir würden im Meer des niedrigen Bewusstseins, des Egoismus und des ständigen Kampfes hin und her geworfen. Wir würden wieder Wut, Traurigkeit, Angst und alle Gefühle der vergänglichen Erwartungen an dieses Leben spüren.

Der ganzheitliche Mensch bleibt jedoch auf seinem Weg des höheren Bewusstseins. Das höhere Bewusstsein leitet ihn. Sein inneres Gefühl richtet sich nach kosmischen Prinzipien.

Er wird niemals an dem zweifeln, was er zu tun hat. Indem er sich durch sein Bewusstsein vom Ungleichgewicht dieser Welt abgesondert hat, wird seine eigene Welt immer harmonischer, denn er spürt das kosmische Bewusstsein und seine Unendlichkeit. Er hat jeden seiner irdischen Augenblicke in die Perspektive der Unendlichkeit gestellt.

Wir könnten sagen, dass der ganzheitliche Mensch zugleich hier, in seiner vergänglichen Körperlichkeit, und oben, in der ewigen Unendlichkeit des kosmischen Bewusstseins, lebt.

Wenn die Erziehung und das Schulsystem den Kindern einen breiteren Bewusstseinsrahmen vermitteln würden, würde das vielleicht zu einer Persönlichkeitsbildung führen, welche die Gesetzmäßigkeiten dieser Welt kennt und sie beherrscht und sich zugleich ihrer Begrenztheit bewusst ist.

Erziehung und Bewusstsein

Wie sieht unser Bewusstsein aus, wenn wir geboren werden? Unterscheidet sich das Bewusstsein eines Menschen von dem eines anderen? Auf diese Fragen können wir mit unserem irdischen Wissen kaum antworten. Wir werden jedoch voraussetzen, dass das Bewusstsein vieler Menschen sich auf ungefähr der gleichen Ebene befindet und dass es auf dieser Ebene in unserer Welt materialisiert wurde.

Trotz dieser vorausgesetzten anfänglichen Gleichheit entwickelt sich das Bewusstsein der Menschen nicht unter gleichen Umständen und Bedingungen. Die Lebewesen unterscheiden sich untereinander im Hinblick auf ihre genetische Veranlagung. Damit ist ihre physische und psychische Entwicklung in einem erheblichen Maß festgelegt. Die weitere Differenzierung ist eine Folge ihrer sozialen Bedingungen: Eltern, engeres und weiteres gesellschaftliches Umfeld, materielle Situation.

ॐ

Wie sieht das Bewusstsein von Neugeborenen aus?

Soweit wir das wissen, können wir voraussetzen, dass Säuglinge mit einem leeren Bewusstsein zur Welt kommen, dass sie eine Art „tabula rasa“ sind, die erst beschrieben werden muss. Das Leben beginnt bei ihnen aufs Neue, ohne Bewusstsein.

Langsam vervollständigt sich das Bewusstsein des Kindes, das Leben schreibt sich darin ein. Es sammeln sich Erfahrungen an und es bilden sich Muster des Denkens, Handelns und Fühlens. Es bildet sich das Bewusstsein des Lebens.

ॐ

Außer diesem Bewusstsein kennen wir auch das Unterbewusstsein. Es begleitet den Menschen als inneres Gefühl in seinem Leben von der Geburt bis zum Tod. Oft scheint es uns etwas zu sagen und wir wissen nicht genau was.

Die Hebung des Bewusstseins in diesem Leben erfüllt auch unser Unterbewusstsein. Wenn unsere Bewusstseinsebene eine niedrige ist, werden wir auch unser Unterbewusstsein kaum wahrnehmen. Dann sind wir dem stofflichen Leben zu sehr verpflichtet, als dass es zum Ausdruck kommen könnte. Das Leben wirbelt uns ohne Kompass hin und her, wie der Wind eben gerade weht.

Wenn wir uns unserer selbst und unseres Wesens bewusst sind, werden wir auch unser Unterbewusstsein klarer wahrnehmen. Es wird nicht bloß eine weit entfernte, kaum wahrnehmbare Ahnung bleiben. Wir werden es ganz nah, in unserem inneren Wesen spüren. Es wird zu uns sprechen, was richtig ist und was nicht. Wir werden auf dem bewegten Meer des Lebens nicht mehr allein sein.

ॐ

Wenn wir die Ebene unseres irdischen Bewusstseins stark anheben, wird sich auch unser Unterbewusstsein heben. Dann können wir mit seiner Hilfe eine Verbindung zwischen dem irdischen und dem höheren kosmischen Bewusstsein herstellen.

Je höher sich unser irdisches Bewusstsein entwickelt, desto mehr kommt seine Berührung mit dem Unterbewusstsein zum Ausdruck. Vorübergehende, dumpfe Ahnungen werden zu einer immer klarer werdenden inneren Stimme und unsere Intuition wird immer stärker. Sie wird uns durch das Leben führen und wir werden immer mehr nach kosmischen und nicht nach den irdischen Gesetzen leben.

ॐ

Es ist wichtig, dass wir so früh wie möglich ein höheres Bewusstsein entwickeln. Die ersten Erfahrungen nach der Geburt, Lebensmuster, die uns von unseren Eltern übermittelt werden, können unsere Bewusstseinsbildung sehr stark beeinflussen. Hinzu kommt schließlich noch alles, was wir in der Schule lernen.

Es ist offensichtlich, dass die Eltern und die Lehrer dem Kind nur ihre eigene Bewusstseinsebene übermitteln können. Das ist ihre Grenze, die sie auch auf ihre Kinder übertragen.

Elternhaus und Schule vermitteln dem Kind also ihr beschränktes Wissen über die Welt. Auch die große Menge an Daten und Tatsachen, die das Kind in der Schule aufnimmt, können sein Bewusstsein nicht verbessern. Die Schule lehrt es die Gesetzmäßigkeiten dieser Welt, die sein Bewusstsein überschreiten müsste.

ॐ

Dinge, die für die Karriere des Kindes nicht unbedingt notwendig sind, haben eine sehr viel größere Bedeutung. Es ist wichtig zu lernen, dass allen Lebewesen, der Natur und der Erde Respekt entgegen gebracht werden soll, dass alles miteinander verbunden ist, dass Güte, Mitgefühl, Liebe und Aufrichtigkeit sich selbst und den anderen gegenüber wesentlich sind.

Ein solches Lernen ermöglicht dem Kind eine frühe Bewusstwerdung und ist ein wesentlich besserer Ausgangspunkt für das Leben und für die Erreichung des Lebensziels, nämlich seine Sendung zu erkennen. Das können nicht eine erfolgreiche berufliche Karriere, materielle Güter, Macht und Rang sein. All das behindert einen eher, als dass es dabei förderlich ist, seine Sendung zu leben.

ॐ

Wenn die Erziehung und das Schulsystem den Kindern einen breiteren Bewusstseinsrahmen vermitteln würden, würde das vielleicht zu einer Persönlichkeitsbildung führen, welche die Gesetzmäßigkeiten dieser Welt kennt und sie beherrscht und sich zugleich ihrer Begrenztheit bewusst ist.

Eine solche Person wird ihr Wissen und ihren Rang als Mittel zur Verbesserung der Welt benützen, sie wird jedoch darin nicht ihr Lebensziel sehen.

ॐ

Dies ist eine schwierige Aufgabe, die von Eltern und Lehrern eine hohe Bewusstseinsstufe verlangt und auch ein anderes Bildungssystem als jenes, das heute vorherrscht. Es ist jedoch der einzige Weg, das Bewusstsein der Menschen zu entwickeln.

Es könnte in Zukunft zu einer besseren Welt führen.

Bei unserem heutigen Bewusstseinsstand kann man sich nur schwer vorstellen, dass dies möglich wäre. Es sind jedoch die vereinzelten Ansätze und Versuche in diese Richtung schon sehr wertvoll. Wenn wir mit einem entwickelten Bewusstsein die uns gemäße Aufgabe in dieser Welt suchen, ist das sicherlich eine der besseren Richtungen, in die sich unser Leben entwickeln kann.

Ein Mensch, dessen Bewusstsein seinen Verstand und sein Ich beherrscht, wird keinen Augenblick mehr daran verschwenden, über die Vergangenheit nachzudenken oder über die Zukunft, über Ängste, Sorgen und die Traurigkeit, die ihn umgeben.

Bewusstsein und Verstand

Lassen Sie uns über das Verhältnis zwischen Verstand und Bewusstsein nachdenken.

Die moderne Zivilisation ist auf den Verstand und seine Grundlagen eingeschworen. Der gesamte wissenschaftliche und technologische Fortschritt ist eine Frucht des Verstandes, wie auch alles, was damit einhergeht, auch das Ungleichgewicht dieser Welt.

Der Verstand ist die Maschine des Menschen, die kombiniert, voraussetzt und plant. Das ist nichts Schlechtes. Es ist jedoch schlecht, dass sich der Mensch auf den Verstand beschränkt, dass er sein Bewusstsein auf den Verstand beschränkt hat.

Anstatt den Verstand als Werkzeug, als Hilfsmittel zum Leben zu verstehen, wurde er zu seinem Hauptantriebsmittel und Leitprinzip.

Der Mensch setzt sich mit seinem Verstand gleich. Sein Ich entspringt dem Verstand. Der Verstand sagt, dass er das Ich ist, dass er nachdenkt, plant, sich sorgt, die Vergangenheit überdenkt, sich mit anderen vergleicht, um Anerkennung und Macht kämpft.

ॐ

All das sind Merkmale eines Bewusstseins, das auf das physische Leben beschränkt ist.

Wenn der Mensch das Bewusstsein auf seinen Verstand einengt, liefert er sich dem Chaos der physischen Welt, allen seinen Bestrebungen und Kämpfen aus. Er wird zur physischen Welt keine Distanz mehr herstellen können, die er durch das den Verstand übertreffende Bewusstsein erreichen könnte.

ॐ

Wir haben schon von der Art und Weise gesprochen, durch die der Mensch seine Bewusstseinsebene entwickeln kann. Dies geht aus der Situation hervor, die vom Verstand nicht beherrscht oder erfasst werden kann. Bestimmte Erfahrungen und Erschütterungen können den Menschen aus den eingefahrenen Gleisen des verstandesgemäßen Lebens werfen.

Er findet sich in einer Leere wieder, in der ihm der Verstand nicht helfen kann. Es kann jedoch darin das innere Gefühl, die Intuition erwachen. Wenn sich der Mensch daran hält, wird er von nun an von der Intuition geführt.

Das bedeutet nicht, dass er auf den Verstand verzichtet. Das wird er niemals tun. Der Verstand wird jedoch sein Werkzeug und nicht mehr sein Herrscher sein. Er wird auch weiterhin mit dem Verstand in der physischen Welt wirken und mit seiner Hilfe ein besseres Leben suchen.

Wenn der Verstand von einem höheren Bewusstsein beherrscht wird, wird er von diesem zur Erreichung seiner Ziele verwendet. Er wird das Ungleichgewicht dieser Welt abschaffen und versuchen, die Welt harmonischer zu machen. Egoismus und Gier werden nicht mehr vorherrschen.

ॐ

Der Verstand wirkt auf Grund des schon Gesehenen und Erfahrenen. Er sucht auch das Neue, wendet dabei aber seine Erfahrungen und das so genannte logische Denken an. Mit der Entwicklung der Wissenschaft hat der Verstand immer mehr Gesetzmäßigkeiten der physischen Welt entdeckt.

Wenn er jedoch nicht von einem höheren Bewusstsein kontrolliert wird, wird die Entwicklung der Wissenschaften die Menschheit bedrohen. Der Verstand ist dazu imstande, zahlreiche Zerstörungsmethoden zu entwickeln, die von einem verengten Bewusstsein nicht beherrscht werden können. Deshalb hängt das Schicksal der Menschheit davon ab, ob die Bewusstwerdung schneller wächst oder ob der Verstand ohne das Bewusstsein die Menschheit vernichten kann.

Der menschliche Verstand hat bisher zahlreiche praktische Lösungen für ein besseres Leben in der physischen Welt hervorgebracht. Wenn er vom höheren Bewusstsein kontrolliert würde, könnte die Menschheit eine beneidenswerte materielle Entwicklung erreichen und zwar ohne die Schaffung eines zugleich bestehenden Ungleichgewichtes, das die Welt die ganze Zeit über mit Zerstörung bedroht.

Stellen wir uns eine interessante Frage: Der Verstand, der dies liest, hat wahrscheinlich erfasst, was wir sagen wollen. Kann der Mensch durch eine Entscheidung seines Verstandes seine Bewusstseinsebene entwickeln?

Er kann. Der Verstand hat durch die Lektüre dieses Textes eine neue Erfahrung gewonnen, eine neue Erkenntnis. Vielleicht wird diese neue Erkenntnis im menschlichen Bewusstsein einen Funken auslösen, der ein neues, anderes Bewusstsein hervorbringt.

Der Verstand hat uns in diesem Fall als Werkzeug gedient, das diesen Funken ausgelöst hat. Wenn das Bewusstsein erwacht ist und eine höhere Ebene erreicht hat, wird der Verstand auch ein Werkzeug bleiben. Er wird nicht mehr der Herrscher sein.

ॐ

Man kann auch verstandesmäßig auf das Bewusstsein der Menschen einwirken. Auch auf diese Art und Weise kann man auf die zerstörerischen Trends der heutigen Zivilisation hinweisen. Dann können die Menschen aus ihrer egoistischen Bequemlichkeit aufwachen. Ihr Bewusstsein entwickelt sich und schon sind sie auf dem richtigen Weg.

Menschen mit einem höher entwickelten Bewusstsein können ihren Verstand richtig ausrichten. Sie werden ihm nicht mehr die Entscheidungen über ihr Leben überlassen. Diese werden vom inneren Gefühl gesteuert, das vom höheren Bewusstsein begleitet wird und sich an den kosmischen Prinzipien orientiert.

Der Verstand wird dann zur Beherrschung der physischen Welt auf eine Art und Weise eingesetzt, die nicht zerstörerisch sein wird und das niedrige Bewusstsein nicht ständig erneuert, wie dies jetzt geschieht.

ॐ

Ein Mensch, dessen Bewusstsein seinen Verstand und sein Ich beherrscht, wird keinen Augenblick mehr daran verschwenden, über die Vergangenheit nachzudenken oder über die Zukunft, über Ängste, Sorgen und die Traurigkeit, die ihn umgeben. Er wird sich des Augenblicks seines Seins hier und jetzt bewusst und er wird diesen Augenblick nicht übersehen, während sein Verstand zwischen Ängsten, Sorgen und Plänen herumirrt.

Er wird sein Bewusstsein entwickeln und Energie aus dem Augenblick schöpfen, den ihm das volle Bewusstsein schenkt. Das volle Bewusstsein ist von der Energie des kosmischen Bewusstseins getragen. Wenn wir nicht mehr von Sorgen, Ängsten, Wünschen und Erwartungen belastet sind, ist die Verbindung möglich.

Dann sind wir gelassen und von den Fesseln des physischen Lebens befreit. Unser Geist hat sich darüber erhoben. Unser Verstand ist ruhig geworden und irrt nicht ständig hin und her.

Beruhigen wir unseren Verstand, wenn wir ihn nicht brauchen. Ein ruhiger Verstand ist die Vorbedingung für ein volles Bewusstsein.

ॐ

Mit einem ruhigen Verstand und einem vollen Bewusstsein wird ihr Leben trotz des Ungleichgewichtes der physischen Welt harmonisch verlaufen. Ihr Schiff wird in den sicheren Hafen des kosmischen Bewusstseins einlaufen.

Falsche und wahre Spiritualität

Die Überwindung von Egoismus und Selbstverliebtheit ist keine einfache Aufgabe. Mancher, der versucht hat, seine Bewusstseinsebene zu heben, hat gerade deswegen Misserfolge erlebt.

Weil unser irdisches Bewusstsein von allem Anfang an im physischen Körper gefangen ist, kann es nur schwer von ihm getrennt werden. Alle unsere Erfahrungen sind daran gebunden, alle unsere Erwartungen, Hoffnungen, Wünsche, Sorgen, Ängste, all das ist gebunden an das physische Ich, mit dem sich das Bewusstsein identifiziert. Unser physischer Körper und das auf ihn konzentrierte Bewusstsein bleiben verbunden und ungeteilt.

Wenn das Bewusstsein versucht, die Grenzen des Ichs zu überwinden und sich von ihm zu distanzieren, treten Schwierigkeiten auf. Die Symbiose des Bewusstseins und des physischen Ichs ist so stark, dass Letzteres es behindert und zurückdrängt.

ॐ

Es kann vorkommen, dass jemand, der sein Bewusstsein entwickelt hat, zurück ins Bewusstsein des physischen Ichs gleitet und sich dabei einredet, dass er eine hohe Bewusstseinsebene und Spiritualität erreicht hat.

Dann glaubt er, etwas Besonderes zu sein und sich über andere Menschen erhoben zu haben, was seinem Ich schmeichelt, das sich dieses Selbstbild geschaffen hat.

Er beginnt sich mit Gleichgesinnten „spirituell“ zu nennen und hegt selbstgefällige Vorstellungen über sein eigenes Ich.

Auf diese Art und Weise wird Spiritualität zur modischen Eintagsfliege.

ॐ

In Wahrheit hat aber ein solcher Mensch sein Bewusstsein nicht entwickelt. Er hat sich vom angenehmen Dahinleben nicht gelöst und die rationale Diskussion über Spiritualität hilft ihm wenig, denn sie wird zum eigenen Ritual, das dabei hilft, die Vorstellung vom spirituellen Ich zu erhalten.

Doch darin liegt schon der Widerspruch. Statt sein bewusstes Ich auf eine „spirituelle“ Ebene zu heben, sollte man es überwinden und sich von der Bindung daran befreien.

Dann erst würde dieser Mensch sein Bewusstsein über die physischen Gegebenheiten erheben und sich von ihnen im Geist befreien.

Wenn ihm dies gelingt, ist er nicht mehr empfänglich für Fragen des Prestiges und der äußeren Anerkennung, denn das ist nur mit dem Bewusstsein des physischen Ichs verbunden. Wenn dies überwunden ist, verliert all das seinen Sinn. Ob er nun äußere Anerkennung und Ehre und Ruhm ablehnt oder annimmt, nichts wird seinen inneren Frieden stören. Ein ganzheitlicher Mensch braucht dies nicht.

Menschen, die sich für geistige Führer halten, wirft die äußere Anerkennung oft aus der Bahn. Und wenn sie sich sogar darum bemühen, sind berechtigte Zweifel an ihrer Spiritualität angebracht. Die wahren spirituellen Führer sind bescheiden und unempfänglich für Anerkennung oder Kritik, weil sie wissen, dass beides in der Regel aus der Welt des niedrigen Bewusstseins kommt und weisen ihm deshalb keine besondere Bedeutung zu.

ॐ

Wir werden hier über die Bindung an materielle Güter nicht viele Worte verlieren. Wer sein Bewusstsein nicht einmal über dieses Hindernis erheben kann, hat nicht viel Aussicht auf Erfolg.

Der Mensch benötigt so viel, dass er ruhig und in Würde leben kann. Wenn er nicht einmal so viel hat, wird er in Armut, Hunger und Leid sein Bewusstsein vielleicht auf eine höhere Ebene heben.

Vielleicht, denn Armut und Leid allein ist keine Gewähr dafür, sondern ermöglicht lediglich eine leichtere Befreiung aus den Fesseln der physischen Gegebenheiten. Die Menschen spüren in der Not eher eine Verbindung mit der Schöpfung und überwinden eher ihr physisches Ich. Sie geben sich dem höheren Bewusstsein hin, das sie vom Unrecht dieser Welt befreien soll. Oft geschieht es, dass Menschen, die in großer Armut leben, sich ihrem Schicksal ergeben und es in Würde ertragen.

Das Streben nach Reichtum, den wir nicht brauchen, hält uns auf einer niedrigen Bewusstseinsebene. Denn es ist oft verbunden mit schlechten Taten und jedenfalls mit Egoismus.

Materielle Güter, die wir nicht brauchen, belasten uns. Unser physisches Bewusstsein beschäftigt sich mit ihnen und verringert damit seine Möglichkeiten, über seine Grenzen hinaus zu sehen.

Der Mensch versucht materielle Sicherheit zu erreichen. Aber wie sieht diese Sicherheit aus und was kann sie uns in dieser vergänglichen Welt bieten? Sicher ist nur, dass wir uns, wenn wir an sie gebunden sind, nicht über die physischen Gegebenheiten erheben können.

Ein hochstehendes Bewusstsein braucht keine Sicherheit. Es weiß, dass es auf dieser Welt ohnehin nicht zu erreichen ist. Die Bindung an die Welt ist die größte Gefahr für das menschliche Bewusstsein bzw. seine Seele.

ॐ

Es kann geschehen, dass auch die Reichen ein höheres Bewusstsein erreichen, wenn sie, nachdem sie gemäß den Gesetzmäßigkeiten dieser Welt um Geld und materiellen Wohlstand gekämpft haben, feststellen, dass sie das nicht weiterbringt. Es bringt ihnen keinen inneren Frieden und keinen Lebenssinn.

Manch einer verschenkt dann einen Teil seines Vermögens für karitative Zwecke, um Menschen in Not zu helfen.

Diese Menschen haben ihr Bewusstsein auf eine höhere Ebene gehoben und haben damit am meisten sich selbst und ihrer Seele geholfen. Sie identifizieren sich nicht mehr mit ihrem Reichtum, weil sie erkannt haben, dass es im Leben um viel mehr geht.

ॐ

Sie werden ab diesem Zeitpunkt versuchen, das Ungleichgewicht dieser Welt abzuschaffen.

Trotzdem wird der Reichtum dieser Welt von einer Handvoll von Menschen angehäuft, während zumindest die Hälfte der Menschheit Mangel leidet.

Die Politik mit ihren Mechanismen und ihrer niedrigen Bewusstseinsebene ist nicht fähig, dieses Ungleichgewicht abzuschaffen.

Schon eine kleine Zahl von sehr reichen Menschen mit einem entwickelten Bewusstsein würde mehr Wirkung haben als die bisherigen politischen Bemühungen. Ihr Vorbild würde noch andere, zu reiche Menschen, dazu bewegen, ihnen zu folgen.

Unter den heutigen Umständen ist es wenig wahrscheinlich, dass sich das Bewusstsein der Sieger im Diesseits so erweitert und vertieft, dass sie sich der weltweiten Armut und der damit verbundenen Krankheiten ernsthaft annehmen würden. Doch jeder Versuch ist wichtig und weckt die Hoffnung, dass das Schicksal unserer Zivilisation noch nicht besiegelt ist.

Der Genuss ist schnell vorbei
und hinterlässt ein Gefühl
der Leere und Unausgefülltheit.

Bewusstsein der Vergänglichkeit

ॐ

Aber das Leben auf dieser Welt ist auch schön. Müssen wir darauf verzichten und leiden, wenn wir unser Bewusstsein entwickeln möchten?

Nein, denn die Menschen mit einem entwickelten Bewusstsein können dieses Leben schöner leben.

ॐ

Sind die Reichen glücklich?

Nicht, wenn der Reichtum und die materiellen Güter ihr einziges Lebensziel sind. Der Genuss ist schnell vorbei und hinterlässt ein Gefühl der Leere und Unausgefülltheit. Manch einer sucht weiter und erreicht eine Bewusstseinsebene, auf der ihm der Reichtum nichts mehr bedeutet.

ॐ

Bringen Macht und Einfluss Glück?

Keinesfalls. Sie verursachen Adrenalinausschüttungen im Wettkampf mit den anderen, denn jeder will der Erste und Mächtigste sein, will sein Leben und das der anderen kontrollieren.

Ist das möglich? Nein. Über das eigene Leben haben wir noch am wenigsten Kontrolle. Der Mensch wird abhängig von seiner Position und der Macht, weil er sich damit identifiziert. Er möchte sie behalten, während ihn die anderen bedrohen. Deshalb muss er ständig auf der Hut sein und sich Sorgen machen. Im ständigen Kampf um Macht und die gesellschaftliche Position hat er für andere Dinge keine Zeit mehr und das Leben, dessen er sich nicht bewusst wird, entgleitet ihm. Er ist sich seiner Augenblicke nicht bewusst, weil er ständig besorgt ist, sich fürchtet und etwas anstrebt.

Wenn es ihm nicht gelingt, sich rechtzeitig von der Besessenheit von Macht und der gesellschaftlichem Position zu befreien, wird er zur Karikatur eines Menschen. Eine leere Hülle, die sich selbst und anderen einredet, wie wichtig und außerordentlich sie ist. Es genügt, sich umzusehen und man wird zahlreiche Beispiele für solche Menschen finden.

ॐ

Können uns äußere Anerkennung und Ruhm Glück bringen?

Nein, denn Zufriedenheit und Glück sind nicht von äußeren Faktoren abhängig, auf die wir keinen entscheidenden Einfluss haben. Der Ruhm verkehrt sich schnell in sein Gegenteil, die Anerkennung von außen wird vergessen. Wenn wir uns daran klammern, werden wir komisch. Auch wenn wir uns noch so sehr davon überzeugen, wie wichtig wir sind, können wir die Leere in uns nicht überdecken.

ॐ

Man kann ein ruhiges und erfülltes Leben haben, wenn man sich dessen bewusst ist und nicht in die Falle der kurzzeitigen Betäubung geht, die vom Reichtum, der Macht und dem Ruhm ausgeht.

Auch wenn wir reich, mächtig und berühmt sind, darf uns das nicht aufsaugen, dürfen wir uns daran nicht binden. Nur so wird unser Geist frei bleiben und unser Schicksal wird nicht an vergängliche Errungenschaften gebunden sein.

Jedes Teilchen des Mosaiks des Lebens wird wichtig, wenn man sein Bewusstsein entwickelt. Unser irdisches Sein können wir nur durch die Bewusstwerdung jedes Augenblicks, der uns gegeben ist, nützen.

Dafür brauchen wir keinen Reichtum, keine Macht und keinen Ruhm. Ein bescheidenes Leben ohne übertriebene Wünsche und Erwartungen wird uns mit größerer Sicherheit zufrieden machen und Erfüllung bringen.

ॐ

Leid allein bringt natürlich nicht Glück und Zufriedenheit. Das Leid als Gelegenheit ist nur das letzte Mittel, mit dem uns diese Welt aus der Bequemlichkeit der materiellen Abhängigkeit wachrütteln kann.

Menschen, die ihr Bewusstsein nicht höher entwickeln können oder es nicht anders wissen, werden ganz sicher vom Leid getroffen. Sie werden nicht darauf vorbereitet sein und dadurch aus der Bahn geworfen. Der Schock, den diese Menschen dann durchleben, kann sie zum höheren Bewusstsein führen. Doch wird das auch nur dann geschehen, wenn sie ihr Lebensmuster ändern und ein neues, anderes und bewusstes Leben beginnen.

Der bewusste Mensch ist auf das Leid vorbereitet. Es wird ihn nicht erschüttern und aus der Bahn werfen. Er wird nicht in Panik verfallen. Er wird es annehmen, wie er die anderen vergänglichen Gegebenheiten annimmt. Seine Welt wird wegen des Leids nicht zusammenbrechen, er wird darin die Gelegenheit sehen, sein Bewusstsein auf eine höhere Ebene zu heben.

Er wird keine Angst vor dem Tod haben, da er weiß, dass der Tod nur bedeutet, diese Welt des Leidens zu verlassen und ins kosmische Bewusstsein einzugehen. Es ist der Weg nach Hause.

ॐ

Menschen mit niedrigem Bewusstsein, die mit den Gegebenheiten dieser Welt verflochten sind, werden auf das Leid anders reagieren.

Ihre Welt wird zusammenbrechen. Mit der Krankheit und dem Unglück werden sie sich der Vergänglichkeit und Unwichtigkeit von allem bewusst, was sie getan haben, wonach sie gestrebt haben, was sie gefürchtet haben und worüber sie sich Sorgen gemacht haben.

Ihr scheinbar schönes Leben ist zu Ende. Das Leid kann sie jedoch aufrütteln, auch wenn es schon sehr spät ist, denn es ist niemals zu spät, um nicht sein Bewusstsein zu entwickeln.

Schon das Bewusstsein von der Vergänglichkeit und der Sinnlosigkeit von allem, was sie bisher getan haben, kann die Rettung bringen. Auch in den letzten Monaten, Wochen, Tagen oder sogar Stunden des Lebens kann der Mensch sein Bewusstsein über die Ebene des physischen Ichs erheben, die ihn das ganze Leben begleitet hat.

ॐ

Manch einer wird erst dann beginnen, sein Bewusstsein zu entwickeln. Das letzte Lebensalter, das häufig von Krankheit und Leid begleitet wird, ist auch die letzte und größte Gelegenheit zur Hebung des Bewusstseins.

Ausschlaggebend ist die Erkenntnis, dass der Mensch weggeht und dass sein Leben zu Ende ist. Die Erschütterung, die er dabei fühlt, ermöglicht es ihm, sich noch zu Lebzeiten vom physischen Ich zu lösen und es mit Bewusstsein zu erfüllen, wobei ihm das Bewusstsein der Vergänglichkeit und des Übergangscharakters dieses Lebens zu Hilfe kommt.

Darin liegt auch das Wesentliche der christlichen Beichte auf dem Totenbett. Der Mensch wird sich auf dem Totenbett des verfehlten Lebens bewusst und löst sich von seinem physischen Ich.

Das muss er selbst tun, aufrichtig und aus eigenem Erkennen und Bewusstsein. Der Geistliche kann ihm dabei nur eine Hilfe sein.

Eine Beichte, die nur ein leerer Ritus ohne Bewusstsein ist, hat natürlich keinen Sinn.

An den heiligen Orten erreichen die Menschen ein höheres Bewusstsein.
Der Friede, der an diesen Kultstätten herrscht, bringt die Menschen dazu, dass sie sich ihrer üblichen Denk- und Verhaltensmuster entledigen.

Kultstätten sind Tore zum höheren Bewusstsein

Religiöse Riten sind den Menschen bei der Bewusstwerdung eine Hilfe und heben das Bewusstsein über die Ebene des physischen Ichs.

Diese Riten wurden in Kultstätten, Kirchen und Klöstern durchgeführt. An diesen Punkten und Orten versammeln sich die Menschen seit Jahrhunderten und suchen den Weg zum höheren Bewusstsein.

Deshalb geschieht es häufig, dass wir an diesen Orten eine besondere Ruhe empfinden. Nicht jene Ruhe, die einfach die Abwesenheit von Lärm ist, sondern den Frieden der Seele.

ॐ

An den heiligen Orten ist nach den Gebeten ein Friede zu spüren, in dem sich unsere Seele beruhigt und das Bewusstsein sich entwickelt.

Deshalb sind heilige Orte ein Tor zum höheren Bewusstsein. Unzählige Menschen haben hier den Weg zum höheren Bewusstsein gesucht, unzählige haben hier gebetet und sich dem höheren Bewusstsein empfohlen, damit es ihnen den Weg aus dem Unrecht und den Fallen dieser Welt zeigt.

Mit ihren Gedanken, Gebeten und Bitten haben sie den Weg zum höheren Bewusstsein geöffnet. Damit waren sie nicht mehr auf sich selbst fixierte Egoisten, die nur ihr Ich kennen und haben sich darüber erhoben.

Sie kamen zu den Kultstätten, weil sie mehr suchten als die Täuschungen dieser Welt. Nicht, um zu beweisen, dass ihr Ich alles ist, was zählt, sondern weil sie erkannt haben, dass es ihnen die Antworten, die sie gesucht haben, nicht geben kann.

Im Gebet oder der Meditation ist der Mensch gesammelt, er ist sich des Augenblicks und der Ewigkeit bewusst. Seine Gedanken schweifen nicht mehr durch die Labyrinthe der materiellen Welt. Sie richten sich vom Ich auf etwas Höheres hin.

An den heiligen Orten erreichen die Menschen ein höheres Bewusstsein. Der Friede, der an diesen Kultstätten herrscht, bringt die Menschen dazu, dass sie sich ihrer üblichen Denk- und Verhaltensmuster entledigen. Sie kommen mit Ehrfurcht und ohne schlechte Gedanken hierher.

Die kirchlichen Riten und Messen haben ihre Aufmerksamkeit und ihre Offenheit für das Höhere noch gehoben.

Sie besuchen die religiösen Orte vielleicht wöchentlich, vielleicht auch häufiger oder seltener. Diese Riten und Orte bringen sie immer wieder aus dem Alltag zurück in die geistige Welt. Sie machen sie auf die Vergänglichkeit des Lebens aufmerksam, auf Versuchungen und Fallen, die auf den Menschen lauern.

Sie leiten den Menschen zu Bescheidenheit und Aufrichtigkeit an. Er soll sich stets der Anwesenheit des höheren Bewusstseins gewahr werden und nach diesen Gesetzen leben.

ॐ

Alle großen Weltreligionen dieses Jahrhunderts oder Jahrtausends haben ihre Sendung zu erfüllen. Die heiligen Orte des Christentums, des Islams, des Buddhismus, des Hinduismus und der anderen Religionen sind Punkte, an denen der Mensch eine besondere Stimmung und Frieden erlebt.

Auch wenn wir nicht gläubig sind, können wir diese Orte aufsuchen. Wenn wir gesammelt und mit der Absicht dorthin gehen, Frieden zu finden, zu beten oder uns der Meditation zu überlassen, sind wir am richtigen Ort.

Mit gesammelten und gerichteten Gedanken, Gebeten und Meditationen treten wir dann durch das Tor des höheren Bewusstseins und lösen das Bewusstsein vom physischen Ich.

ॐ

In einer urbanen Umgebung, dort wo wir leben und arbeiten, wo sich unser materielles Leben abspielt, ist das viel schwerer zu erreichen. In der Natur ist es viel leichter durchführbar.

So wie sich die Menschen an den heiligen Orten versammeln, um sich geistig zu erholen, ist es in den Städten gerade umgekehrt. Dort kämpfen die Menschen um Verdienst, Anerkennung, Macht und streben nach den Errungenschaften der materiellen Welt.

In den Städten sammeln sich Ehrgeiz, Sorgen, Zorn, Egoismus, Hochmut und Hass an und unter den Massen gibt es nur wenige Sieger.

In einer solchen Umgebung ist es viel schwerer seinen Seelenfrieden zu finden als in den Kultstätten oder in der Natur.

Doch gibt es auch in den Städten genügend Kirchen und andere Kultstätten, wie auch Parks, wo sich ein Stück Natur findet, damit wir innehalten und aus dem alltäglichen Umherjagen, dem Kampf, den Siegen und Niederlagen entkommen können.

Wenigstens einen Augenblick lang werden wir uns dann dessen bewusst, dass alles das nur eine vergängliche Täuschung ist. Es wird leichter für uns, wenn wir uns darüber erheben. Von solchen Augenblicken sollte es so viele wie möglich geben.

ॐ

Wir können uns auch zu Hause unser kleines Heiligtum einrichten. Das sollte eine Ecke sein, in die wir uns zurückziehen können und wo wir unseren Seelenfrieden finden können.

Dabei ist es nicht wichtig, wie sie aussieht, sondern dass wir sie als unsere stille Ecke annehmen. Hierher werden wir uns zurückziehen aus dem Leben, das uns aufsaugt, mitnimmt und hin und her wirft.

In unserer stillen Ecke können wir innehalten und aus dem Wirbel der Gedanken, Sorgen, Pläne, Ängste, die in unserem Kopf umherschwirren, aussteigen. Hier können wir den Geist beruhigen. Wir sammeln uns und werden uns des Augenblicks bewusst.

Wir tun das durch Meditation oder durch Gebete, je nachdem, was uns näher liegt. Wir können zu Christus beten, zu Allah, Buddha oder wem immer. Wichtig ist, dass wir uns sammeln und dass wir ehrlich sind.

ॐ

Versuchen wir, uns über das physische Ich zu erheben und in die Ewigkeit zu schauen und verweilen wir zugleich im Augenblick des vergänglichen Lebens, hier und in der Ewigkeit. Dann ist das ein richtiges Gebet und eine richtige Meditation.

ॐ

Bei den religiösen Riten und bei einem individuellen Gebet oder einer Meditation ist die Präsenz, die Konzentration, das Wichtigste. Der Ritus darf keine tägliche oder wöchentliche routinemäßige Wiederholung sein.

Jeder Ritus ist etwas Besonderes. Ein neuer Ritus, eine neue Erfahrung, ein neues Bewusstsein. Die Berührung mit dem höheren Bewusstsein, das mit einem oberflächlichen Absolvieren von Riten und Gebeten nicht möglich ist.

In unserer immer schnelllebigeren Welt werden auch die religiösen Riten überflüssig. Man bringt sie schnell hinter sich und ist mit den Gedanken woanders. Wenn der Ritus ein Selbstzweck ist, ist es, als gäbe es ihn nicht.

Die bloße Anwesenheit bei religiösen Riten ist keine Eintrittskarte zum höheren Bewusstsein oder zum Königreich Gottes. Auch der Geistliche, der oberflächlich seinen Dienst versieht, erfüllt seine Aufgabe nicht.

Bindungen werfen uns zurück

Menschen, die ihr Bewusstsein entwickeln wollten, haben vielfach die Einsamkeit gesucht, um sich abgeschieden von der Welt der Spiritualität zu widmen.

Muss man das tun, wenn man ein höheres Bewusstsein entwickeln will?

Das ist nicht notwendig. Wenn man die Möglichkeit dazu hat, wird man sich eine Zeit lang aus der Alltagsroutine und den materiellen Bindungen zurückziehen. Wenn das Bewusstsein dann gefestigt ist, kehrt man ins gewöhnliche Leben zurück, das man von nun an anders leben wird, weil man sich seiner ganz bewusst wird.

Wir können nicht alle in der Einsamkeit leben. Wir leben zusammen und sind untereinander verbunden. Die Kunst besteht darin, mit dem hohen Bewusstsein unter den Menschen zu leben und es zu behalten. Es ist nicht genug, wenn wir es nur in der Einsamkeit erreichen wollen.

Deshalb ist es nur richtig, wenn man sich manchmal an einen einsamen Ort zurückzieht, an dem man sein Bewusstsein läutern und festigen kann. Der Schwerpunkt unseres Lebens sollte jedoch dort sein, wo wir zu Hause sind. Hier müssen wir die Distanz zu den irdischen Täuschungen aufrechterhalten. Dies ermöglicht uns die Bewusstwerdung und die Stärke, den Verlockungen und Verwicklungen auszuweichen, die uns der Alltag bringt.

ॐ

Wir müssen danach streben, dass unsere Meditation, unser Gebet, unser geistiges Sein sich über mehr als die Augenblicke erstreckt, in denen wir uns in unserem privaten oder öffentlichen Heiligtum aufhalten.

Die Spiritualität sollte unser alltägliches Leben durchziehen, weshalb sich das entwickelte Bewusstsein über so viele Augenblicke wie möglich auch zwischen den alltäglichen Verrichtungen erstrecken sollte.

ॐ

Am Arbeitsplatz sollten wir uns natürlich auf die Arbeit konzentrieren, die wir verrichten. Auch dies ist eine Art von Meditation. Unsere Gedanken dürfen nicht davonfliegen und dürfen nicht mit Sorgen und Ängsten befrachtet sein.

Es ist wichtig, dass wir ruhig und gesammelt sind und dass uns nichts aus dem Gleichgewicht bringen kann. Wir dürfen nicht angespannt sein, sondern sollen gelassen unsere Arbeit verrichten, weil wir sie nur dann gut verrichten.

Wenn wir auf diese Art und Weise bewusst arbeiten, wird auch unsere Intuition erwachen. Wir werden auf Lösungen kommen, die wir mit krampfhaftem Nachdenken nicht erdenken hätten können. Wichtig ist, dass der Kopf frei ist von Sorgen und Ängsten, von zu großen Plänen und Erwartungen.

ॐ

Wenn wir gesammelt und ruhig arbeiten, müssen wir darauf achten, dass uns die anderen, die Mitarbeiter oder Vorgesetzen, nicht aus dem Gleichgewicht bringen. Unser Bewusstsein muss daran erkennbar sein, dass uns niemand aufregen, erschrecken, in schlechte Laune, Zorn oder etwas Ähnliches bringen kann.

Das ist nicht einfach. Es ist jedoch wesentlich und wir sollten danach trachten. Ein solcher Zustand kann langsam erreicht werden. Rufen wir uns jeden Augenblick ins Gedächtnis, der uns im Zorn, in der Angst, in der Trauer oder sogar im Hass entgangen ist.

Vertiefen wir uns dahinein. Wir werden sehen, dass diese Augenblicke unnötig, nutzlos und sogar schädlich waren. Sie beraubten uns der Ruhe und der Konzentration. In diesen Augenblicken gingen wir in eine der zahlreichen Fallen, die bei jedem Schritt auf uns warten.
Kehren wir wieder zur Bewusstheit zurück und konzentrieren wir uns. Wir müssen uns selbst sagen, dass sich so etwas nicht mehr wiederholen darf. Merken wir uns die Situation und den Menschen, der uns aus dem Gleichgewicht gebracht hat. Spielen wir die Situation in Gedanken nach und ändern wir das Drehbuch für das nächste Mal, wenn das wieder geschieht.

Solche Situationen sind oft unvorhersehbar. Wir müssen uns in Gedanken darauf vorbereiten und uns einprägen, dass sie uns nicht mehr hinunterziehen dürfen. Stellen wir eine Distanz her, eine Mauer des Bewusstseins.

ॐ

Manche Menschen verstehen es, uns ständig aus dem Gleichgewicht zu bringen, indem sie uns wütend oder traurig machen oder uns Angst einjagen. Das sind in der Regel Menschen auf einer niedrigen Bewusstseinsebene. Ihnen sollten wir aus dem Weg gehen, wenn wir die Möglichkeit dazu haben. Oft ist das aber nicht möglich.

Dann muss man sich mit der Bewusstwerdung helfen. Man stellt eine Distanz zu ihnen her und lässt es nicht zu, dass sie einen mit ihrer schlechten Energie hinunterziehen.

Wenn uns das ein paar Mal geschieht, werden sie verwirrt reagieren und uns vielleicht aus dem Weg gehen. Vielleicht beginnt der eine oder andere sogar nachzudenken. Auch wenn es länger dauert als erwartet, dürfen wir nicht aufgeben, sonst fällt unsere Bewusstseinsstufe auf eine niedrigere Ebene und wir werden wieder ein Opfer ähnlicher Situationen und Menschen.

Gefühlsausbrüchen nicht nachzugeben, bedeutet, dass man sich durch Tränen und Vorwürfe nicht erweichen lässt, auch wenn es um unsere nächsten Verwandten geht. Es wird nicht nur für sie, sondern auch für uns besser sein, wenn sich wiederholende, unbewusste Verhaltensmuster nicht mehr fortsetzen.

Wenn wir spüren, dass die Fesseln unserer vorhergehenden Lebensmuster zu stark sind und uns den Übergang auf eine höhere Bewusstseinsebene unmöglich machen, müssen wir sie radikal auseinanderreißen.

Wir müssen tun, was notwendig ist. Wenn wir von zu Hause fortgehen müssen, gehen wir. Wenn wir den Arbeitsplatz wechseln müssen, wechseln wir ihn. Wenn wir unseren Lebenspartner verlassen müssen, verlassen wir ihn. Wir müssen tun, was den gordischen Knoten unseres bisherigen unbewussten Lebens durchschneidet.

Lassen wir uns von Vorwürfen nicht vereinnahmen, insbesondere, wenn wir nur noch aus Gewohnheit mit jemandem zusammenleben, wenn uns mit ihm unbewusste Verhaltensmuster und negative Gefühle verbinden. Wir werden ihn und uns selbst retten. Wenn die Person, die wir verlassen, materielle Hilfe braucht, gewähren wir sie ihr, wenn das möglich ist. Materielle Verluste dürfen uns nicht leidtun. Denn wir haben unvergleichlich viel mehr gewonnen.

Wir müssen jede Bindung in unserem Leben aufgeben, auch die Bindung an das Leben selbst. Darin liegt gerade das Wesen der höheren Bewusstseinsebene als Überwindung der Einbindung in die materielle Welt.

Unser Bewusstsein, unser Geist darf an nichts Irdisches gebunden sein, weil uns das daran hindert, die Ebene des kosmischen Bewusstseins und der Unendlichkeit zu erreichen.

Ist es nicht sinnlos, sich an etwas Vergängliches zu binden, das wir in jedem Fall einmal verlieren werden?

Wir sind mit allen Wesen in einem irdischen Schicksal verbunden. Wir können mit ihnen mitfühlen, sie verstehen, gerne haben und ihnen helfen, aber wir dürfen uns nicht an sie binden.

Bindungen bringen Sorgen und Ängste, dass wir das, an das wir gebunden sind, verlieren könnten. Ängste und Sorgen schaden dem Bewusstsein. Darüber hinaus verhindern sie keine Verluste.

Im Vergleich mit der Bindung an Lebewesen ist die Bindung an materielle Güter oder an Ruhm und gesellschaftliche Position noch sinnloser und hat ihren Ursprung in einer niedrigen Bewusstseinsebene.

Jede Bindung bewirkt, dass wir im Labyrinth und im Strudel dieser Welt zurückgehalten werden. Hier sind wir verwundbarer und hier kann uns das Leben einmal hierhin, einmal dorthin schleudern.

Wenn der Strudel des Lebens unsere Bindungen zerstört und uns verletzt, leiden wir. Dann bietet uns der Schmerz des Verlustes die Gelegenheit dazu, unser Bewusstsein zu entwickeln und auf Bindungen zu verzichten.

ॐ

Wir können alles besitzen, was diese Welt bieten kann, aber wir dürfen uns daran nicht binden. Wir können Lebewesen gerne haben und mit ihnen leben, aber wir müssen uns dessen bewusst sein, dass wir uns früher oder später trennen werden.

Freuen wir uns deshalb über alles, was wir erleben, und seien wir gelassen in Beziehungen mit anderen. Entledigen wir uns der Last der Ängste und Sorgen, die durch Bindungen entstehen.

Wir sollten nichts tun, ohne uns dessen bewusst zu sein. Sonst gehen die Augenblicke an uns vorbei und sind leer, als würden wir sie nicht wirklich leben.

Die moderne Zivilisation betäubt das Bewusstsein

Wir Menschen sind Gefangene unserer Gewohnheiten. Vieles, was wir tun, tun wir aus Gewohnheit und denken darüber nicht nach, weil es uns selbstverständlich scheint.

Wenn wir das tun, handeln wir nicht bewusst. Wir sind nicht aufmerksam und konzentriert und die Gedanken schweifen in alle Richtungen ab. Wir arbeiten, essen und tun andere Dinge mechanisch und ohne Bewusstsein.

Wir sollten aber nichts tun, ohne uns dessen bewusst zu sein. Sonst gehen die Augenblicke an uns vorbei und sind leer, als würden wir sie nicht wirklich leben. Wir sind weder auf der Erde noch im höheren Bewusstsein anwesend.

Deshalb müssen wir am Anfang des Weges zum höheren Bewusstsein damit beginnen, die tägliche Routine aufzubrechen und den alltäglichen Verrichtungen mehr Aufmerksamkeit zu widmen. Wenn wir uns ihrer dann bewusstwerden, werden wir uns auch fragen, ob sie überhaupt notwendig sind und ob wir richtig handeln.

Wir werden manches anders machen und vieles lassen.

Mit der Bewusstwerdung beginnt unsere Intuition zu wirken.

Wenn wir mechanisch leben und alte Muster wiederholen, kann sie nicht zum Vorschein kommen. Wenn unser Verstand kopflos umherschweift, können wir uns nirgends konzentrieren. Dann befinden wir uns auf einer niedrigen Bewusstseinsebene. Weit weg von den höheren Sphären des kosmischen Bewusstseins.

Dann können wir die Verbindung mit ihm nicht herstellen, weil unser Bewusstsein schon von unserer diesseitigen Wirklichkeit abgewandt ist, ganz zu schweigen vom höheren Bewusstsein.

Wenn wir aber unser Bewusstsein heben und uns auf die Augenblicke des Seins konzentrieren, wenn diese nicht routinemäßig an uns vorbeigehen, wird die Verbindung hergestellt. Unser Tun wird nicht mehr unbewusst und mechanisch sein, sondern bewusst und konzentriert.

Wir werden konzentrierter und ganzheitlicher und die Intuition wird uns leiten. Sie wird immer verlässlicher. Unser Bewusstsein ist dann mit dem kosmischen Bewusstsein verbunden. Darin liegt das gesamte Wissen über die Schöpfung. Nichts könnte uns besser führen als sie, am wenigsten ein unruhiger Verstand, der voller Pläne, Sorgen, Ängste und Zweifel ist.

ॐ

Nun sind wir von einer großen Sicherheit umgeben. Wir wissen, was richtig ist und was nicht. Diese Sicherheit wird von einem inneren Frieden geleitet. Wir wissen, dass wir auf dem richtigen Weg sind.

Natürlich geht nicht alles reibungslos und schnell. *Unsere alten Gewohnheiten sind ein eisernes Hemd*, sagt der Volksmund. Man kann es nicht einfach so ausziehen, es hält uns fest umarmt. Die Gewohnheiten stoßen uns zurück auf die alte Bewusstseinsebene.

Aber es gibt keinen anderen Ausweg. Wir werden uns mit ihnen auseinandersetzen müssen und aufmerksamer und mehr im Augenblick leben müssen.

Wir werden uns immer wieder daran erinnern müssen, wenn wir uns bei einem unbewussten, mechanischen Tun ertappen. Immer wieder werden wir unseren Verstand beruhigen müssen, der auch weiterhin kopflos seinen Gedanken nachhängen und sich mit Sorgen und Ängsten beschäftigen wird. Aber die Belohnung am Ende ist auch die Mühe wert.

ॐ

Wir beschäftigen uns auch nicht mit der Zukunft und der Vergangenheit. Wir leben in der Gegenwart. Wenn wir nämlich mit unserem Verstand in der Zukunft oder in der Vergangenheit sind, gibt es uns in der Gegenwart nicht. Wir sind nicht aufmerksam und uns ihrer nicht bewusst.

Unser Verstand beschäftigt sich gerne mit der Zukunft. Ständig plant und durchdenkt er etwas. Er beschäftigt sich mit unserer materiellen und gesellschaftlichen Sicherheit. Sie scheint ihm sehr wichtig zu sein. Er würde uns gerne ein erfolgreiches und sicheres Leben bieten. Doch je mehr er sich anstrengt, desto mehr entgeht ihm die Gegenwart, die unsere einzige Sicherheit auf dieser Welt ist, wenn wir uns ihrer bewusst sind, und zwar in ihrer gesamten irdischen Vergänglichkeit und kosmischen Ewigkeit.

Das gleiche gilt für die Vergangenheit. Es gibt sie nicht mehr, sie zählt nicht mehr. Das Wecken von Erinnerungen deutet darauf hin, dass wir uns aus der Gegenwart zurückziehen. Vergangene Handlungen zu bedauern, ist nur dann sinnvoll, wenn es uns hilft, das Bewusstsein zu heben und alte, unbewusste Verhaltensmuster zu durchbrechen.

ॐ

Nun wird mancher fragen, was dann noch übrig bleibt.

In der Tat, es bleibt wenig oder nichts vom vorhergehenden, unbewussten Leben übrig. Es war ja auch nicht so viel wert. Wir haben doch einen Großteil davon in Sorgen, Plänen, Erinnerungen, Ängsten, in Zorn oder Traurigkeit gelebt. Weil wir mechanisch und ohne Konzentration gelebt haben, sind wir uns eines großen Teils davon gar nicht bewusst geworden.

Was bleibt? Ein ruhiges, konzentriertes, gelassenes Leben, freundliche Beziehungen mit anderen, ein bescheidener und aufrichtiger Blick auf sich selbst und die anderen. Es bleiben viele schöne Augenblicke des Bewusstseins und von Naturerlebnissen, von kleinen Dingen, die wir in unserem mechanischen Erleben überhaupt nicht bemerkt haben.

ॐ

Die Technik der modernen Zivilisation bietet viele Möglichkeiten dazu, unsere Freizeit unbewusst zu verbringen. Das reicht vom Fernsehen bis zu Computerspielen und mancherlei anderen Dingen, die sich aufzählen ließen.

Es ist schwer, sich dem zu entziehen. Wenn man müde von der Arbeit nach Hause kommt, überlässt man sich dem bequemen Leben in der Freizeit. Wie soll man da noch ein Bewusstsein entwickeln?

Es ist wirklich nicht einfach und unsere Zivilisation befindet sich deshalb auch in großen Schwierigkeiten. Wenn es leicht wäre, eine hohe Bewusstseinsebene zu erreichen, könnten wir die aufgehäuften Probleme leicht lösen. Wir können es aber nicht.

Diese Zivilisation hat jedoch Mittel und Wege gefunden, wie der Mensch eingeschläfert werden kann und er die Krise der Welt vergisst. Warum sollten wir etwas suchen, was die materiellen Werte überschreitet und uns mit dem Sinn des Seins abgeben?

Das Fernsehen kann alle Probleme mit einem Schlag lösen. Auch der unruhigste Verstand kann so eingeschläfert und mit dem fiktiven Leben auf dem Bildschirm beschäftigt werden.

ॐ

In den vergangenen Zeiten haben sich die Menschen nur schwer durchs Leben geschlagen. Die Technik hat es uns nicht leichter gemacht.

Deshalb haben die Menschen durch ein schwieriges Leben langsam ihre Bewusstseinsebene gehoben. Bis zum heutigen Tag, wo wir im Vergleich zu früheren Zeiten auf einer höheren Bewusstseinsstufe leben. Jetzt besitzen wir eine entwickelte Technik, die uns in mancherlei Hinsicht das Leben leichter macht, zugleich aber eine ganze Reihe neuer Illusionen schafft und unser Bewusstsein betäubt.

In einer Zeit, in der wir angesichts der rasch fortschreitenden Technik ein höheres Bewusstsein brauchen würden, damit es nicht zur missbräuchlichen Verwendung dieser Technik kommt, hat das Bewusstsein aufgehört, fortzuschreiten. In unserer Zivilisation gibt es zu viel mechanisches, unbewusstes Leben. Deshalb gehen auch jene winzigen Möglichkeiten für den Fortbestand der Welt verloren, die wir ohnehin nur schwer finden könnten.

Vielleicht würde es sich doch auszahlen, die Couch und den Fernseher gegen ein bewusstes Leben einzutauschen.

Gewalt ist kein Weg

Was kann man mit seinem Leben noch anfangen?

Man kann sein Bewusstsein entwickeln und anderen helfen.

Mit der Politik wird man die Welt schwerlich verändern. Sollte man sich deshalb in sich selbst zurückziehen, in seine engere Umgebung?

Auf keinen Fall. Nur weil die Politiker langsam ihr Bewusstsein entwickeln, wird man ihnen auch nicht das ganze öffentliche Handeln überlassen. Man kann auch außerhalb der politischen Sphäre etwas unternehmen.

Es gibt viele Nichtregierungsorganisationen, welche die Welt verbessern möchten. Bei ihnen findet man Menschen mit einem entwickelten Bewusstsein, die schon längst erkannt haben, dass die gegenwärtigen politischen Trends nirgendwohin führen.

Die Nichtregierungsorganisationen möchten mit ihrer Tätigkeit in der breiten Bevölkerung bewusstseinsbildend wirken. Sie versuchen auch auf die Politik einzuwirken, obwohl sich diese in der Regel nicht aus ihren Labyrinthen herauslocken lässt.

Nichtregierungsorganisationen sind oft karitativ ausgerichtet und sammeln Geld für Menschen in Not. Ihre Tätigkeit ist auf die Abschaffung von Hunger, Durst und Krankheiten in Afrika oder anderswo in der *Dritten Welt* gerichtet. Sie entsenden auch ihre freiwilligen Mitarbeiter dorthin, damit diese den Menschen vor Ort helfen.

Die freiwilligen Mitarbeiter, die in die ärmsten Gebiete der *Dritten Welt* gehen, sind Menschen mit einem entwickelten Bewusstsein. Sie verzichten auf ihr scheinbar sicheres und bequemes Leben in der *Ersten Welt* und helfen Menschen in Not. Dabei riskieren sie oft ihr Leben.

Sie haben eine Umkehr vollzogen. Sie haben ihre alten Lebensmuster aufgegeben und neu begonnen, indem sie ihrer inneren Überzeugung folgten. Sie haben auf ihre innere Stimme gehört, die ihnen sagte, dass ihr vorheriges Leben leer und sinnlos war.

Nun sind sie mit dem richtigen Leben in Berührung gekommen. Sie sind sich seiner Augenblicke bewusst und diese gehen nicht an ihnen vorbei ins Leere. Oft ist das neue Leben nicht leicht für sie, aber die Prüfungen machen sie hart und festigen ihr Bewusstsein. Sie erkennen immer mehr, wie ungerecht und zerstörend die Mechanismen dieser Welt sind.

ॐ

Sie wissen es, doch die Politiker, die in ihren bequemen Fauteuils weit weg sitzen, versinken immer weiter im Sumpf des niedrigen Bewusstseins. In ihren Händen liegen die Mechanismen für eine Veränderung der Welt, aber sie verwenden sie nicht. Ihre materiellen Lebensmuster sind ihnen mehr wert. Ihr eigenes Schicksal interessiert sie mehr als jenes von Milliarden von Menschen.

ॐ

Es gibt viele Nichtregierungsorganisationen, die versuchen, bei den Menschen ein Bewusstsein davon zu erzeugen, dass die Erde zerstört wird. Sie machen auf die immer stärker verschmutzte Luft, auf das Wasser und die Erde aufmerksam. Sie versuchen auf das Bewusstsein der Politiker einzuwirken, damit sich diese endlich doch regen und Gesetze verabschieden, welche die Erde schützen.

Die Politiker hören ihnen zwar manchmal zu und sprechen auch selbst über die Notwendigkeit, unsere Umwelt zu schützen. Wesentliche Änderungen werden jedoch nicht erreicht. Die Interessen der Lobbys – und hier besonders der Erdöllobby – sind stärker und dann gelingt es ihnen, selbst jene Initiativen aufzuhalten, die versucht haben, wenigstens eine Verschlechterung der Entwicklungstrends zu verhindern, wenn man sie schon nicht verbessern kann.

Die Mechanismen der alten materiellen Welt sind noch immer stärker und setzen ihren selbstzerstörerischen Weg fort. Das niedrige Bewusstsein zahlreicher wirtschaftlicher und politischer Akteure überwiegt gegenüber dem selbstlosen Agieren der ökologisch orientierten Organisationen und Personen. Und die Erde zählt weiter die ihr verbleibende Zeit.

Angesichts der Tatsache, dass die Weltpolitik nicht auf das bedrohliche Ungleichgewicht der Welt reagiert, werden viele ungeduldig. Viele Aktivisten in Nichtregierungsorganisationen kommen zur Überzeugung, dass die Weltinstitutionen unfähig dazu sind bzw. mit den weltweiten Herausforderungen nicht konfrontiert werden möchten.

Sie behaupten zu Recht, dass diese Organisationen und die Weltpolitiker die Hauptverantwortung dafür tragen, dass sich das angehäufte Ungleichgewicht der Welt noch vergrößert. Dies gilt sowohl für die Armut in der Welt als auch für ökologische und klimatische Veränderungen.

Da friedliche Aufrufe an die Adresse von Politikern und Institutionen keine Ergebnisse zeigen, entscheiden sich diese Aktivisten für gewaltsame Demonstrationen. Solche Demonstrationen haben zahlreiche politische Treffen in den vergangenen Jahren begleitet.

ॐ

Trotzdem bleibt es Unrecht. Das Motiv ist verständlich, aber die Handlungsweise ist nicht richtig.

Ein entwickeltes Bewusstsein kann Gewalt nicht ertragen. Wenn uns ein Unrecht so erregt, dass wir uns für Gewalt entscheiden, dann ist unser Bewusstsein auf eine niedrigere Stufe gefallen.

Gewalt ist einer der grundlegenden Mechanismen der materiellen Welt, in der wir leben. Sie ist mit ihr verflochten und begleitet sie durch die gesamte Geschichte.

Mit einem entwickelten Bewusstsein würde es immer weniger Gewalt geben. Da es aber noch viel niedriges Bewusstsein gibt, kommt es zu häufigen Gewaltausbrüchen.

Da es in der *Ersten Welt* friedlicher ist und weniger Gewalt zutage tritt, könnte man denken, dass dies wegen des höheren Bewusstseins der Fall ist. Es ist jedoch nicht so. Die *Erste Welt* hat sich im Lauf ihrer Entwicklung besser organisiert, um ihre Interessen zu schützen. Sie hat starkes Militär und Polizei.

Wenn es also weniger Gewalt gibt, dann nicht wegen des höheren Bewusstseins, sondern wegen der Repression, die auch präventiv gegen Gewalt wirkt. Die Möglichkeit von Gewalt ist jedoch die ganze Zeit über da und niemand kann sich sicher fühlen.

ॐ

Deshalb dürfen wir es nicht zulassen, dass unser Bewusstsein so tief fällt, dass es uns zu Gewalttaten verleiten würde. Wenn Gewalt beginnt, werden die Mechanismen des niedrigen Bewusstseins in noch stärkerem Maß ausgelöst. Es gibt keine Kontrolle, kein Bewusstsein, nur den Zorn, die Zerstörung und die Rache.

Die einzige zulässige Gewalt ist die Selbstverteidigung im engeren Sinn des Wortes. Aber auch sie muss kontrolliert werden und darf unsere Bewusstseinsebene nicht senken.

ॐ

Auch wenn wir sehen, dass die Mächtigen dieser Welt nichts tun, um den Verfall der Welt aufzuhalten, werden wir nicht mit Gewalt antworten. Wir werden auch weiterhin mit friedlichen öffentlichen Aktivitäten arbeiten und das Gewissen der Menschheit zu wecken versuchen.

Auch wenn wir uns nicht zu einer so radikalen Lebensänderung entschließen, wie es die freiwillige Arbeit draußen vor Ort bei den notleidenden Menschen ist, können wir in unserem Umfeld eine Menge tun.

Wir können Geld für karitative Zwecke sammeln, wir können Beiträge für Zeitungen schreiben oder friedliche Protestmärsche organisieren.

ॐ

Je mehr Leute wir sein werden, umso hörbarer wird unsere Stimme. Vielleicht werden wir am Ende so viele sein, dass wir jene kritische Masse des Bewusstseins erreichen, die für eine wirkliche Veränderung dieser Welt notwendig ist.

Das ist das einzige mögliche Szenario, um eine bessere Welt zu erreichen. Gewalt wird niemals eine bessere Welt herbeiführen. Das hat die Geschichte gezeigt und die gescheiterten blutigen Revolutionen.

Gewalt kann nur neue Gewalt hervorbringen und die Spirale des Bewusstseins wird sich damit nach unten statt nach oben bewegen.

Die Katholische Kirche ist eine irdische Institution

ॐ

Was könnten die religiösen Führer dieser Welt tun?

Könnten sie zusammenkommen und vereinbaren, alle für ein Ziel zu arbeiten?
Könnte das die Politiker aufwecken und alle anderen Akteure dieser Welt?

ॐ

Solche Versuche hat es gegeben, nur waren keine besonderen Resultate sichtbar.

Die Religionen konkurrieren untereinander nun einmal auch. Manchmal sind sie mit der Politik und den Interessen jenes Erdteiles verbunden, den sie abdecken. Obwohl einige religiöse Führer bereit sind mehr zu tun und sich dessen bewusst sind, dass sie das müssten, ist es nicht genug.

Oft ist das Bewusstsein der Vertreter der Religionen nicht entwickelt. Sie können sich nicht über die irdischen Umstände erheben und nur geistig mit einer entsprechenden Distanz zum Tagesgeschehen arbeiten.

Liegt in unserer Frage nach dem Einfluss von religiösen Führern auf die Politik vielleicht ein Widerspruch? Ihr Wirken soll doch spiritueller und nicht politischer Natur sein. Zugleich möchten wir, dass sie die Politik beeinflussen.

Der Widerspruch ist jedoch nur ein scheinbarer. Von den religiösen Führern und Priestern erwarten wir, dass sie auf das Bewusstsein von Politikern und anderen Menschen einwirken werden, nicht aber, dass sie sich in konkrete politische Aktivitäten einmischen.

Sobald sie ihre Distanz zur materiellen Welt verlieren, werden sie zu ihrem Bestandteil und damit fällt auch ihr Bewusstsein auf eine niedrigere Ebene. Dann sind sie keine religiösen Führer mehr, sondern religiös eingekleidete Politiker.

ॐ

Der katholische Glaube ist der am meisten institutionalisierte Glaube. Seine Organisation ist verästelt und zugleich sehr zentralisiert.
Schon die Tatsache, dass die katholische Kirche eine große Institution ist, weist auf ihren politischen Charakter hin. Eine solche Organisation muss nach den Prinzipien der materiellen Welt geführt werden. Diese aber funktioniert unter den Bedingungen des niedrigen Bewusstseins.

Es geht um einen Widerspruch in der Sache selbst. Die Kirche orientiert sich am höheren Bewusstsein und das sollte auch ihre Mission auf dieser Welt sein, aber sie agiert nach den Prinzipien des niedrigen Bewusstseins.

In ihr gibt es eine starke Hierarchie, viele Positionen und Karrieredenken. Wie in profanen Institutionen wird um diese Positionen auch gekämpft. Es braucht sehr viel Geld, damit eine solche Institution funktioniert. Das setzt voraus, dass man sich in einem großen Ausmaß mit Geldfragen auseinandersetzt, was wiederum ein typisches Problem der profanen Welt ist.

ॐ

Wenn wir noch die Tatsache berücksichtigten, dass die Kirche auch ein Staat mit einer eigenen politischen Struktur ist, wird das Bild noch unklarer. Sie hat zahlreiche diplomatische Vertretungen in der ganzen Welt, in internationalen Institutionen, praktisch überall. Auch das bedeutet einen großen Beamtenapparat und viele Karrieren, was wiederum nicht der Religion entspricht.

Nun stellt sich uns die Frage, ob dies gut oder schlecht ist, dass in einer Institution das profane, materielle Wirken und die spirituelle Sendung, die zu allen vergänglichen profanen Dingen eine Distanz haben sollte, vermischt sind. Bei einer so unmittelbaren Verflechtung wird diese Distanz manchmal fraglich.

ॐ

Es gibt zwei mögliche Antworten auf diese Frage.

Wenn die kirchliche Institution so eng mit der politischen Welt verbunden ist, könnte der Sinn darin liegen, dass man versucht, unmittelbar auf das Bewusstsein der Politiker einzuwirken, mit denen man in Berührung kommt. Die Kirche müsste sich stets auf den

Standpunkt des höheren Bewusstseins stellen und die kosmischen Prinzipien der Gerechtigkeit und des Zusammenlebens aller Lebewesen vertreten.

Die Vertreter der Kirche müssten das Gewissen der Menschheit vertreten. Nicht ihre irdischen Interessen, nicht die Interessen eines Teiles der Welt oder eines Staates, sondern jene der ganzen Menschheit.

Ihre Tätigkeit müsste wahrnehmbar sein, sich immer nach bestimmten Prinzipien richten und immer über dem politischen Taktieren und den Manipulationen stehen. Wenn man die Stimme Gottes auf dieser Welt darstellt, müsste man jede Inkonsequenz und Heuchelei der Weltpolitik offenlegen.

ॐ

Die zweite Möglichkeit bedeutet, dass die kirchliche Institution selbst ein Teil der materiellen Welt geworden ist. Sie funktioniert nach ihren Prinzipien und ihre Mitglieder wetteifern um Einfluss, Macht und Prestige. Sowohl innerhalb der Institution als auch außerhalb.

Sie verbündet sich über ihre Vertreter im Netz der weltweiten Politik und Diplomatie mit Einzelinteressen und ist still und lau, wenn es um die Gerechtigkeit im Weltmaßstab geht. Sie unterstützt vor allem ihre „eigenen“ katholischen Politiker und Staaten, unabhängig von der Legitimität ihrer Bemühungen.

Die Kirche ist nicht das Gewissen der Menschheit. Die kirchlichen Vertreter leben innerhalb ihrer Amtszeit ein bequemes Leben und umgeben sich mit äußeren Zeichen der Spiritualität. Es ist dies jedoch nicht das wahre Bewusstsein und man wird diese Vertreter schwerlich als Vertreter Gottes auf dieser Welt akzeptieren.

Eine solche Kirche würde tatsächlich zum Bestandteil dieser vergänglichen, materiellen Welt. Sie würde ihre Distanz zum irdischen Dasein nicht erhalten und würde nicht nach den Prinzipien des höheren Bewusstseins funktionieren.

ॐ

Beurteilen Sie selbst, welche Möglichkeit der heutigen Wirklichkeit eher entspricht.

Man muss aber anerkennen, dass es eine sehr schwierige Aufgabe ist, der amtliche Vertreter des höheren Bewusstseins zu sein, und auch eine sehr verantwortungsvolle. Die Kirche muss doch selbst am besten wissen, dass sie vor dem kosmischen Bewusstsein nichts verstecken kann, weder Heuchelei noch Oberflächlichkeit.

Sobald die Kirche ihre Mission als etwas Oberflächliches und als Routine wahrnimmt, wird sie mechanisch agieren. Ohne neues Bewusstsein ist ihre Sendung dem Verfall preisgegeben. Sie wird dann zum Bestandteil des vorherrschenden Bewusstseins dieser Welt und weit entfernt vom höheren Bewusstsein des Jenseits sein.

Auch für sie gilt, so wie für jeden Menschen, dass, wenn wir zurück in das Bewusstsein der physischen Welt fallen, wir uns dessen gar nicht bewusst werden. Wenn uns jemand sagt, dass das geschehen ist, sind wir beleidigt und empört. Wie kann man es wagen, so etwas zu behaupten, wo doch klar ist, dass wir ein entwickeltes Bewusstsein haben und Spiritualität besitzen! Doch schon die beleidigte und die empörte Reaktion sind ein Zeichen des niedrigen Bewusstseins.

ॐ

Die richtige Reaktion wäre es, wenn wir uns fragen würden, ob wir wirklich bei allem, was wir tun, präsent und mit vollem Bewusstsein dabei sind. Sind wir uns jeden Augenblick unserer Vergänglichkeit und des kosmischen Bewusstseins bewusst? Sind wir in allen unseren Handlungen bescheiden und demütig genug? Ohne irdischen Hochmut?

Heiligkeit des Lebens oder Bewusstsein

Das christliche Dogma besagt, dass das Leben des Menschen zu achten sei.

Das Leben selbst ist also der höchste Wert.

Wir haben schon darüber nachgedacht, dass das Leben auf dieser vergänglichen physischen Welt vor allem eine Gelegenheit ist, sein Bewusstsein zu entwickeln und es dem kosmischen Bewusstsein anzunähern.

Das Leben sollte kein Selbstzweck sein, sondern nur eine Übergangsstufe, durch die unser Bewusstsein geläutert und entwickelt werden kann.

Was verkündet die katholische Kirche in der Regel öffentlich?

Oft hört man sie über die Abtreibung zu Felde ziehen, weil dadurch das Leben an seinem Beginn ein Ende findet. Sie tritt auch gegen die Euthanasie auf, weil diese das Leben vorzeitig beendet. Der Selbstmord wird ebenfalls nicht gutgeheißen.

In all diesen Fällen soll es um es eine Verletzung des Grundprinzips von der Heiligkeit des Lebens gehen.

ॐ

Die Kirche setzt offenbar voraus, dass die Seele oder das Bewusstsein schon bei der Empfängnis in den physischen Körper eintritt.

Doch in der Zeit von der Empfängnis bis zur Geburt gibt es kein Bewusstsein. Der Mensch hat während dieser Zeit kein Bewusstsein und kann sich später daran nicht mehr erinnern. Wir könnten sagen, dass er während dieser Zeit nicht bewusst lebt. Sein Körper wird nur in physischer Hinsicht entwickelt, um für den Beginn des Lebens gerüstet zu sein.

ॐ

Ist es nicht sinnvoller vorauszusetzen, dass das Bewusstsein oder die Seele erst bei der Geburt bzw. knapp davor in den physischen Körper eintritt? Erst mit der Geburt des Menschen beginnt sein Bewusstsein, erst dann beginnt er seine ersten Erfahrungen zu sammeln und sein irdisches Bewusstsein zu bilden.

Weder die Kirche noch wir können unsere Annahmen wissenschaftlich beweisen. Bis hierher reicht die Wissenschaft ohnehin nicht. Eigentlich geht es nur darum, wessen intuitives Erfassen der Gesetze der Schöpfung näher bei der Wahrheit liegt. Darüber wird der Leser selbst entscheiden müssen.

ॐ

Die Kirche tritt auch gegen den Selbstmord auf.

Sehen wir uns das näher an.

Hat der Mensch nach den kosmischen Gesetzen das Recht, Hand an sich zu legen und sein Leben zu verkürzen? Wir wissen, dass wir dies nach den menschlichen Gesetzen nur selten verhindern können.

Warum begeht jemand Selbstmord? Weil er leidet oder weil er das Leid, das auf ihn wartet, fürchtet. Doch das Leid läutert das Bewusstsein des Menschen und kann es auf eine höhere Ebene heben. Wenn man dies durch Selbstmord verhindert, wird eine Gelegenheit vertan.

Wenn sich jemand aus Angst, Verzweiflung oder Panik zum Selbstmord entschließt, sind das Anzeichen dafür, dass sein Bewusstsein wenig entwickelt ist. Dann war er in diesem Augenblick nicht bei sich, nicht konzentriert und war sich der kosmischen Unendlichkeit und der irdischen Vergänglichkeit nicht bewusst. Deshalb schienen ihm seine vergänglichen Probleme so wichtig, dass er sich das Leben nahm und sich noch jenes Bewusstseins beraubte, das er besaß.

Er hat damit selbst sein Urteil gesprochen, nicht nur auf dieser Welt, sondern auch in der Ewigkeit. Seine Seele hat die Verbindung mit dem kosmischen Bewusstsein nicht hergestellt, sie bleibt weit davon entfernt und isoliert. Die Gelegenheit dieses Lebens wurde vergeudet.

Die Kirche hat also Recht, wenn sie gegen den Selbstmord auftritt. Wenn sich der Mensch im entscheidenden Augenblick gesammelt und keinen Selbstmord begangen hätte, hätte er vielleicht im folgenden Leben ein höheres Bewusstsein und die Verbindung zum kosmischen Bewusstsein erreicht.

ॐ

Es sind jedoch nicht alle Selbstmorde gleich. Man kann sich vorstellen, dass jemand Selbstmord begeht und trotzdem sehr gesammelt ist und bei vollem Bewusstsein. Nicht aus Angst, Panik oder Verzweiflung.

Der Mensch kann sich in einer vollkommen ausweglosen Situation befinden, zum Beispiel im Krieg, und kann sich dann ganz bewusst für den Selbstmord statt für den Tod durch fremde Hand entscheiden, vor welchem er womöglich von gewissenlosen Menschen gequält wird.

Qualen zu erleiden ist kein Selbstzweck. Wenn der Mensch bei sich ist und über ein entwickeltes Bewusstsein verfügt, braucht er sich durch unnötige Qualen nicht zu beweisen.

Man könnte sich noch mehr Situationen vorstellen, in denen sich ein Mensch bewusst, ohne negative Gefühle dazu entscheidet, sein Dasein auf dieser unvollkommenen Welt zu beenden.

Im Jenseits wird er von jenem Bewusstsein begleitet, das er in diesem Leben erreicht hat. Wenn er eine Verbindung mit dem höheren Bewusstsein hergestellt hat, wenn er sich der diesseitigen Vergänglichkeit und der jenseitigen Unendlichkeit bewusst ist, hat er seine Mission hier erfüllt.

Ein Beispiel für den Selbstmord bei vollem Bewusstsein ist das *Harakiri* in der japanischen Tradition der Samurai. Die Samurais haben nach einem besonderen Ritus Selbstmord begangen, indem sie sich in Gedanken und mit einem Lied an das höhere Bewusstsein wandten.

In diesem Fall bedeutet der Ritus des Selbstmords, des Lebensabschlusses, die Hebung des Bewusstseins auf eine höhere Ebene. Der Samurai, der diesen Ritus vollkommen gesammelt und hingebungsvoll durchführt, hat ohne Zweifel eine hohe Bewusstseinsebene erreicht.

ॐ

Auch der Blick auf die Euthanasie könnte zu einem ähnlichen Standpunkt führen.

In der Regel werden wir – ganz wie die Kirche – dagegen auftreten. Es kann dem Menschen dadurch die letzte Möglichkeit genommen werden, vor dem Tod sein Bewusstsein zu entwickeln.

Wenn er jedoch schon eine hohe Bewusstseinsebene erreicht hat, ist eine Verlängerung seines Leidens sinnlos.

Das Problem liegt darin, dass dies schwer zu beurteilen ist. Wer kann darüber wirklich urteilen? Die Angehörigen, die sich vielleicht auf einer niedrigen Bewussteinsebene befinden? Wohl kaum. Auch der Arzt kann dies kaum beurteilen.

Vielleicht der Patient selbst, aber auch das ist schwierig. Die Entscheidung darf nicht aus Angst vor dem Leiden geschehen. Es gilt Ähnliches wie für den Selbstmord. Eine Entscheidung bei vollem Bewusstsein ist gerechtfertigt.

Die innere Stimme

Wie Sie sehen, kehren wir immer wieder zum Bewusstsein zurück. Wir betrachten alle Fragen dieser Welt vom Standpunkt des höheren Bewusstseins.

Das höhere Bewusstsein ist ein Selbstzweck. Wenn wir es erreichen, haben wir unsere Mission auf dieser Welt erfüllt.

Aber wir müssen auch anderen helfen, dass ihnen dies gelingt.

Das ist eine Aufgabe, die wir nicht auf morgen verschieben dürfen. Wir müssen jetzt damit beginnen, das Bewusstsein zu entwickeln. Sehen wir uns um und wir werden die Welt mit anderen Augen sehen. Schauen wir auf unser Leben und wir werden es anders sehen.

Sie haben sicher schon einmal gespürt, dass Ihre innere Stimme etwas sagt oder Sie auf etwas aufmerksam macht. Vielleicht haben Sie nicht zugehört und wenn Sie jetzt zurück auf Ihr Leben blicken, stellen Sie fest, dass Sie damals anders hätten handeln sollen, so wie es Ihre Intuition wollte. Das ist schon allen einmal geschehen.

Manchmal scheint uns unser Organismus darauf aufmerksam zu machen, dass wir etwas tun müssen, etwas ändern müssen. Wir haben nicht auf ihn gehört und sind deshalb bald darauf krank geworden.

Wir müssen lernen, besser auf diese innere Stimme zu hören. Sie kann uns mitteilen, was für unsere Gesundheit wichtig ist. Und die Krankheit wird Vergangenheit und vergessen.

Die Intuition wird uns auch durch andere Prüfungen in unserem Leben führen und uns sagen, was zu tun ist. Wenn wir auf sie hören, werden wir uns richtig entscheiden, auch wenn unser Verstand hier ganz versagt.

ॐ

Wir müssen unser inneres Gefühl entwickeln und es pflegen. Das ist unser bester Leitspruch im Leben.

Mit ihm können wir auch andere Menschen beurteilen. Manchmal wird uns jemand abstoßen und wir werden selbst nicht genau wissen warum. Später wird sich herausstellen, dass unser Gefühl richtig war.

Wenn uns unsere Intuition auf etwas aufmerksam macht, dann hören wir auf sie. Lassen wir uns durch unseren Verstand nicht irre machen, der uns sagt, dass alles in Ordnung ist, wenn unsere Intuition etwas anderes sagt. Vergraben wir sie nicht.

Vielleicht haben Sie schon die Erfahrung gemacht, dass intuitive

Entscheidungen die besten sind. Manchmal entscheiden wir uns sehr schnell nach unserem Gefühl und es stellt sich später heraus, dass wir richtig gehandelt haben. Oft quälen wir uns aber mit Grübeleien darüber, was zu tun ist, wir denken lange nach und wägen Argumente ab. Schließlich fassen wir gequält einen Entschluss. Später tut es uns dann leid, dass wir nicht auf unser ursprüngliches Gefühl gehört haben.

ॐ

Wie können wir uns unsere innere Stimme schärfen?

Indem wir unseren Kopf so leer wie möglich machen. Wenn der Verstand durch eine Fülle an Daten und Argumenten beladen ist, wägt er diese ständig ab und unser Bewusstsein ist dadurch eingeengt. Wenn Sie mit dem Grübeln aufhören und einen Spaziergang in der Natur wagen, kann die Lösung sich wie von selbst ergeben. Manchmal findet man die Lösung am Wochenende oder im Urlaub, wenn die alltäglichen Denkmuster ausgeschaltet sind und unser Verstand leer ist.

Oft ist es gut, sich mit den notwendigen Angaben und Argumenten für und wider vertraut zu machen. Dann sollten sie jedoch den Verstand ausschalten. Nach einiger Zeit wird sich die Lösung zeigen.

ॐ

Auf diese Art und Weise werden sie auch größere Bewusstheit erreichen. Mehr intuitive Entscheidungen werden uns in die richtige Richtung führen. Wir werden neue Tatsachen kennen lernen, die unser Bewusstsein erweitern werden. Auf diese Art und Weise entledigen wir uns alter Lebensgewohnheiten und -muster, die unser Bewusstsein eingeengt haben.

Wir werden in guten Händen sein. Unser Bewusstsein wird immer verlässlicher Verbindung mit dem Unterbewusstsein aufnehmen und dieses wiederum mit dem kosmischen Bewusstsein. Wenn wir so durch das Leben gehen, können wir das Leid verhindern, das allerdings unser Bewusstsein auf eine höhere Ebene hebt.

Wenn es uns gelingt, uns mit dem höheren Bewusstsein zu verbinden, werden die Ereignisse in unserem Leben ganz von selbst ablaufen. Alles wird so gut wie möglich enden. Wir werden die richtigen Menschen treffen. Wir werden zur richtigen Zeit am richtigen Ort sein.

Alles, was wir für das physische Leben brauchen, wird wie von selbst zu uns kommen. Man braucht nichts zu erzwingen, sich für nichts anzustrengen, sich nicht zu quälen, alles wird spontan weitergehen.

ॐ

Wir dürfen uns davon jedoch nicht abbringen lassen. Die Menschen werden uns zu überzeugen versuchen, dass dies und jenes zu tun ist, dass alle das tun. Aber wenn unser Gefühl etwas anderes sagt, werden wir ihnen nicht zuhören. Wir werden den gesellschaftlichen oder modischen Trends nicht folgen. Wir werden nur auf uns selbst hören.

Glauben wir an uns und an unser Gefühl. Auch wenn es so aussieht, als ob es uns in die falsche Richtung geführt hat, müssen wir geduldig, ruhig und gelassen bleiben. Am Ende wird sich zeigen, dass das Gefühl richtig war.

Zweifeln wir nicht an uns selbst. Der Zweifel drückt uns auf eine niedrige Bewusstseinsebene und verschlechtert unsere Intuition. Dahinter lauern bald die Unruhe und die Angst und schon sind wir tief im niedrigen Bewusstsein angelangt, ohne inneres Gefühl, an das wir uns halten könnten.

ॐ

Wenn wir die Relativität und Vergänglichkeit dieser Welt einmal erkannt haben, werden wir uns nicht mehr mit Ängsten und Sorgen belasten. Dann segeln wir ruhig auf den Wellen des hohen Bewusstseins und unser Steuermann ist das innere Gefühl, das uns sicher in den Hafen des kosmischen Bewusstseins führt.

Wir werden uns nicht mehr bemühen müssen. Wenn wir uns zu sehr bemühen, etwas zu erreichen, ist schon etwas falsch. Was könnte so viel Anstrengung wohl wert sein?

Mit der Belastung unseres Verstandes oder mit unnötigen physischen Aktivitäten werden wir ein höheres Bewusstsein nicht erreichen. Wenn wir überlastet sind, werden wir bald besorgt und unruhig. Das ist schon ein Zeichen des niedrigen Bewusstseins.

Wenn uns die Arbeit über das rechte Maß hinaus belastet, suchen wir uns eine andere. Auch wenn wir weniger verdienen. Der innere

Frieden ist viel mehr wert. Wenn wir ihn haben, wenn wir gelassen sind, wird unsere innere Stimme erwachen und uns im weiteren Leben die Richtung zeigen.

ॐ

Auch wenn die Zukunft heute unklar und unsicher scheint, darf uns das nicht beunruhigen. Wie sollte sie denn auch klar und sicher sein? Wer glaubt, dass sie das sei, irrt gewaltig.

Beunruhigen wir uns deswegen nicht. Es wird sich alles lösen, wenn wir ruhig und gelassen sind und zugleich auf die Augenblicke achten, die wir erleben. Grübeln wir so wenig wie möglich über die Zukunft. Beziehen wir sie nur insofern ein, als sie mit dem gegenwärtigen Augenblick verbunden ist.

Wenn sich in einem Augenblick, in dem unser Verstand ruhig ist, ein Gedanke in unserem Kopf festsetzt, der mit der Zukunft verbunden ist, mit dem, was wir tun müssten, dann hören wir darauf. Auf diese Art und Weise kann unser Unterbewusstsein mit dem Bewusstsein kommunizieren.

Erfüllen wir die Welt mit Bewusstsein

Wenn wir unsere Intuition genügend entwickelt haben, können wir uns ruhig dem Leben überlassen. Wir werden alle Klippen sicher umschiffen. Wir werden den Versuchungen und Verlockungen der materiellen Welt nicht erliegen. Unser Geist wird sich darüber erheben.

Nun können Sie anderen helfen. Ihr Gefühl wird Ihnen sagen, wem zu helfen sinnvoll ist und wem nicht. Manche sind so tief im niedrigen Bewusstsein versunken, dass ihnen nicht zu helfen ist. Gehen Sie an diesen Menschen vorbei.

Es gibt aber auch viele, die sich dem höheren Bewusstsein schon angenähert haben. Sie sind es wert, dass man ihnen hilft. Man kann ihnen vielleicht den Rat geben, dieses oder jenes Buch zu lesen. Jedes Mal, wenn wir uns mit ihnen treffen, fügen wir dem Mosaik ein neues Steinchen hinzu, damit sie erwachen.

Wir können auch innerhalb der Zivilgesellschaft aktiv werden, wo es Menschen mit einem hohen Bewusstsein gibt. Dann können wir gemeinsam etwas Sinnvolles tun, etwas, was das Bild dieser Welt ein wenig verbessert...

Obwohl diese Welt eine Übergangswelt ist, in der wir vor allem unsere Bewusstseinsebene heben können, sollten wir dennoch versuchen, sie zu verbessern. Schon die Aktivitäten in diese Richtung werden das Bewusstsein der anderen Menschen heben.

Auch die Institutionen dieser Welt sind es wert, verbessert zu werden. Menschen, die in ihrem Rahmen arbeiten, können ihre Bewusstseinsebene heben. Jeder Beamte, der erwacht und sein Bewusstsein entwickelt, kann seine Arbeit mit mehr Verständnis und Mitgefühl tun.

ॐ

Es macht auch Sinn, das Bewusstsein der führenden Menschen und Mitarbeiter im Wirtschaftsleben zu entwickeln. Wenn sie in ihr Tun mehr höheres Bewusstsein einfließen lassen, werden ihre Einrichtungen langsam doch anders funktionieren.

Vielfach geschieht das schon. Die Unternehmen handeln hier und da schon umweltbewusst. Sie sind sich auch dessen bewusst, dass sich große soziale Unterschiede und Spannungen langfristig gegen sie selbst richten.

Auf diese Art und Weise können die Eigentümer und Direktoren der Unternehmen durch ein höheres Bewusstsein selbst damit beginnen, die zerstörerische Logik des Kapitals und des Profits in Grenzen zu halten. Dies ist nicht einfach, da sie die Konkurrenz zu einer ständigen Effizienzsteigerung zwingt. Aber es wird ihnen immer klarer, dass es auch vom wirtschaftlichen Standpunkt kein langfristiges Überleben geben kann, wenn die Entwicklung nicht ausgeglichener wird.

ॐ

Wir sind natürlich noch weit davon entfernt, ruhig und mit einem entwickelten Bewusstsein in der Mehrheit der politischen und wirtschaftlichen Institutionen wirken zu können. Wenn Sie in solchen Institutionen tätig sind und ihr Bewusstsein entwickeln, können Sie vielleicht feststellen, dass hier kein Platz ist für Sie. Dass es unmöglich ist, die Prinzipien eines höheren Bewusstseins mit den Handlungsprinzipien dieser materiell-orientierten Institutionen in Einklang zu bringen.

Vielleicht werden Sie dieses Unternehmen verlassen oder die Arbeit auf andere Art und Weise gestalten, so dass ihre Bewusstseinsebene nicht leidet. Vielleicht können Sie dann doch langsam und schrittweise auf die Bewusstseinsbildung der Menschen in Ihrem Umfeld einwirken.

ॐ

Wir als Wähler werden versuchen, auf die Politiker einzuwirken. Wenn viele Menschen über ein entwickeltes Bewusstsein verfügen, werden sie andere Politiker wählen. Sie werden jene unterstützen, die ein höheres Bewusstsein zeigen.

Wenn wir unser inneres Gefühl entwickeln, kann uns keine Wahlkampagne überlisten, auch wenn sehr viel Geld dahinter steht. Im Gegenteil, in diesem Fall kann sie uns noch viel weniger verführen.

ॐ

Wie könnte der Politiker der neuen Welt, der Politiker des höheren Bewusstseins aussehen?

Macht und Einfluss wären nicht sehr wichtig für ihn. Er hätte kein Bedürfnis danach. Er übernimmt Macht aus einem Gefühl der Verantwortung gegenüber anderen Menschen, um ihnen leichter helfen zu können.

Er wäre kein Sesselkleber, wie die Mehrheit der heutigen Politiker. Wenn ihm sein inneres Gefühl dies diktieren würde, würde er die Position mit einem Gefühl der Erleichterung verlassen.

Er würde auch nicht taktieren und faule Kompromisse schließen, um an der Macht zu bleiben. Weil ihm nicht so viel an der Macht liegt, könnte er sich in Ruhe seiner Arbeit widmen. Er wäre nicht angespannt und nervös und ständig auf der Hut vor seinen politischen Gegnern. Und er hätte vor nichts Angst.

ॐ

Vielleicht werden Sie wieder fragen, warum wir politische und wirtschaftliche Institutionen verbessern sollen, wenn diese Welt ohnehin zum Untergang verurteilt ist.

Vielleicht wird diese Welt physisch nicht untergehen. Vielleicht wird eine gewaltige Katastrophe die Erde treffen, die sie jedoch nicht ganz zerstören wird. Vielleicht wird ein Teil der Menschheit oder sogar die Mehrheit der Menschen eine solche Katastrophe überleben, wie wir sie am Anfang beschrieben haben.

ॐ

Eine solche Welt wird nicht vom Nullpunkt beginnen. Man wird über das bis dahin angesammelte Wissen der Menschheit verfügen. Institutionen, die bis zum Wendepunkt entstanden sind, würden weiterhin bestehen bleiben.

Deshalb macht es Sinn, sie schon jetzt zu verbessern. Mit dem neuen Bewusstsein einer erschütterten Menschheit könnten wir die Institutionen schnell so weit bringen, dass sie eine harmonischere Entwicklung der neuen Welt sicherstellen würden.

Schon heute ist ihr deklarierter Zweck ein besserer als ihr tatsächliches Agieren. Wenn wir sie mit dem höheren Bewusstsein ausfüllen, könnten die Institutionen der neuen Welt und der gesamten Menschheit wirklich dienlich sein.

Es gäbe dann keine so ungeheuren Unterschiede in den Lebensbedingungen. Die Menschen würden keinen Hunger mehr leiden, während andere zu viel hätten. Die Unterschiede würden bestehen bleiben, doch es hätte jeder genug für ein menschenwürdiges Leben.

Die Unternehmen würden die Umwelt nicht mehr zur Erreichung von höheren Profiten zerstören. Das höhere Bewusstsein würde die Logik des Kapitals positiv einschränken, so dass nicht immer wieder neue Ungleichgewichte entstehen.

Der Markt und das Kapital wären auch weiterhin Instrumente der wirtschaftlichen Effizienz, sie würden jedoch vom höheren Bewusstsein kontrolliert.

Auch die Wissenschaft und die Technik könnten sich ungestört entwickeln. Sie würden jedoch keine Gefahr für die Menschheit darstellen wie damals, als sie vom menschlichen Verstand angetrieben wurden, der jedoch von einem niedrigen Bewusstsein kontrolliert wurde.

Seien wir auf alles vorbereitet

Es wurde schon manches über die Bewusstwerdung gesagt. Wir dürfen das nicht vergessen, es sollte uns immer und überall begleiten. Es ist unsere Rettung.

Das Leben sollte nicht Tag für Tag, Jahr um Jahr leer an uns vorbeigehen. Erleben wir jeden Augenblick davon. Jeder bewusst erlebte Augenblick ist mehr wert als ein Jahr unbewussten Lebens.

Unser Verstand soll sich beruhigen. Es ist nicht notwendig, dass er sich verwirrt um sich selbst dreht. Er soll unser Diener sein, den wir dann benutzen, wenn wir ihn brauchen. Sonst soll er Ruhe geben und darauf warten, gerufen zu werden.

Jetzt wird sich unser Bewusstsein nicht mehr hilflos mit dem Verstand herumplagen. Es wird sich über ihn erheben. Ängste und Sorgen werden es nicht mehr zu seinem Sklaven machen. Es wird sich der Vergänglichkeit von allem bewusst sein, was uns besorgt machen und erschrecken könnte.

Erinnern wir uns doch, dass uns manchmal Sorgen und Ängste, die uns noch vor Monaten oder Jahren geplagt haben, plötzlich unwichtig oder sogar komisch vorkommen. Wie unwichtig werden sie erst, wenn sie aus der Perspektive der Ewigkeit betrachtet werden.

Jeder Augenblick, den wir bewusst erleben, trägt das Moment der Ewigkeit in sich. Wir sind nicht mehr nur hier und jetzt, sondern auch in der Ewigkeit. Wir haben beides: die physische Realität auf der Erde und das Bewusstsein der Unendlichkeit im Kosmos. Wir sind zugleich hier und dort.

Unser Schiff wird nun ruhig auf den Wogen des aufgewühlten Meeres dieser Welt segeln. Es wird von einem ruhigen und konzentrierten Geist gesteuert. Damit zeigen wir auch den anderen den Weg und ziehen sie mit unserer inneren Ruhe und Fröhlichkeit in unseren Bann.

ॐ

Alle suchen ihren Weg, alle werden hilflos im Meer dieses Lebens hin und her geworfen. Manch einem wird es nicht gelingen, Zuflucht beim Bewusstsein und der Ewigkeit zu finden. Er wird an das Festland des Weltalls gespült wie ein Fisch aufs Trockene.

Noch ist Zeit für jeden. Wir alle sind aus dem gleichen Stoff, wir alle suchen unbewusst den Kontakt mit der ewigen Geborgenheit und der Zuflucht. Möge es uns gelingen!

ॐ

Vor uns liegt vielleicht eine entscheidende Zeit. Es gibt viele Anzeichen dafür, dass das jetzige Zeitalter zu Ende geht.

Noch ist nicht klar, was geschehen wird. Hoffen und tun wir alles dafür, damit diese Veränderung langsam und schmerzlos kommt, mit einer allgemeinen Bewusstwerdung der Menschheit.

Das alles ist noch ganz unsicher. Wenn man sieht, nach welchen Mechanismen die Welt heute funktioniert, kann man sich nur schwer vorstellen, dass sie durch die Bewusstwerdung des Großteils der Welt umgeformt werden können.

Es ist wahrscheinlicher, dass dafür der Schock einer großen Katastrophe notwendig ist.

2. TEIL
Das Weltall und die Erde

Einleitung

Der erste Teil des Buches geht von Erkenntnissen und Erfahrungen aus, die sich noch im Rahmen der für den Menschen erfahrbaren Welt befinden.

Der zweite Teil ist eine mögliche Erklärung dessen, was auf der Erde und im Weltall geschieht. Er geht über die empirischen Erfahrungen des Menschen hinaus und kann als Grundlage für den ersten Teil verstanden werden. Diese Dinge können mit den zur Verfügung stehenden wissenschaftlichen Methoden nicht bewiesen werden, sie stimmen aber mit den Feststellungen aus dem ersten Teil vollkommen überein. Man könnte auch sagen, dass dies die andere Seite derselben Geschichte ist, die im Schatten liegt und nur geahnt werden kann. Ich bitte den Leser daher, sie als eine der möglichen Erklärungen des Wesens der Welt und des Lebens anzunehmen. Wir wissen schließlich, dass unter den bisherigen Erklärungen über die Entstehung der Welt und des Lebens noch keine empirisch bewiesen wurde. Der Mensch hat immer schon nach einer Erklärung gesucht und konnte doch keine begründen. Es ging immer um den Glauben an eine übernatürliche Macht, welche die Welt erschaffen hat und die noch immer anwesend ist. Unsere Erklärung jedoch gründet nicht auf einer übernatürlichen Macht, sondern auf der grundlegenden Voraussetzung, dass sich im Weltall ein höheres Bewusstsein erst aufgrund der Entwicklung des menschlichen Bewusstseins bilden konnte.

Was ist die Seele?

Stellen wir uns doch einmal die Frage, was dieses Bewusstsein, über das wir die ganze Zeit sprechen, überhaupt ist. Was ist die Seele?

Man sagt, dass sie nicht an den physischen Körper gebunden ist, dass sie unsterblich ist. Woher kommt sie, woraus ist sie gemacht?

Hat eine übernatürliche Macht die Seele geschaffen?

Unsere Antwort heißt „Nein". Unsere Seele bzw. unser Bewusstsein wurde nicht von einer übernatürlichen Macht erschaffen.

Ist sie trotzdem ewig? Alles, was wir in unserer physischen, irdischen Welt kennen, ist vergänglich, warum nicht auch die Seele?

Unsere Voraussetzung lautet, dass die Seele oder das Bewusstsein kosmische Energie ist, die frei im Weltall umherschweift. Als auf der Erde die Bedingungen für die Entstehung und die Entwicklung von Leben entstanden, ermöglichte die kosmische Energie gemeinsam mit dem stofflichen Körper das Leben.

Auf den niedrigen Entwicklungsstufen des Lebens blieb diese kosmische Energie unbewusst. Die niedrigen Lebensarten leben mechanisch und reagieren ausschließlich impulsiv auf äußere Reize. Im Lauf der weiteren Entwicklung erwarben die Lebewesen langsam Erfahrungen und begannen ein Bewusstsein zu entwickeln. Die höheren Tierarten entwickelten schon eine bestimmte Bewusstseinsstufe.

Im Gegensatz dazu blieben die Pflanzen ohne Bewusstsein, obwohl sich auch in ihnen kosmische Energie findet, wenn auch unbewusst. Von Pflanzen kann man nicht behaupten, dass sie eine Seele bzw. ein Bewusstsein haben.

Der Mensch hat sein Dasein am besten zur Entwicklung eines Bewusstseins genützt. Dabei spielte seine Fähigkeit, sich mit anderen zu verständigen, eine große Rolle. Er übertrug seine Erfahrungen auf andere Menschen und andere Generationen. Sein Bewusstsein vom Leben auf der Erde erweiterte sich langsam.

ॐ

Man könnte sagen, dass sich die unbewusste Seele des Menschen immer mehr mit Wahrnehmungen und Erkenntnissen über das Leben füllte. Bei der Geburt des Menschen ist sein Bewusstsein immer ein leeres Stück Papier. Die Erkenntnisse, zu denen die Menschheit bis dahin gekommen ist, füllen es aber schnell.

Die Seele des Menschen ist also nur Energie, die aus dem Kosmos kommt. Dabei geht es nicht um einen Plan oder um das Agieren eines höheren Bewusstseins, das im Kosmos wohnt. Diese Energie ist lediglich einer der Faktoren, der bei der Entstehung des Lebens auf unserem Planeten spontan geschaffen wurde.

Das Bewusstsein entwickelte sich aus dem Nichts, indem das Leben seinen Lauf nahm und sein anfänglich leeres Bewusstsein füllte. Das Gefäß des Lebens wird im Lauf des Lebens immer voller. Die Seele des Menschen füllt sich immer mehr mit Erkenntnissen und Erfahrungen.

ॐ

Die ausdruckslose kosmische Energie, die davor ziellos im Kosmos umherschwebte, erhält nun ihren Zweck, ein Bewusstsein und eine Zuflucht. Es ist etwas Neues entstanden, etwas, das es vorher im Kosmos nicht gegeben hat. Der Kosmos hat in seiner Ewigkeit und Unendlichkeit, die keinen eigenen Ausdruck hatten, spontan und ohne Ziel etwas geschaffen, was seinen Ausdruck und seinen Zweck hat. Die menschliche Seele und das menschliche Bewusstsein.

ॐ

Wir haben gesagt, dass die Seele des Menschen ewig und das menschliche Leben vergänglich ist. Was geschieht mit der menschlichen Seele nach dem Tod des physischen Körpers?

Die kosmische Energie ist unzerstörbar. Die Seele ist unsterblich. Nur der physische Körper ist einmal erschöpft und hört auf zu bestehen. Materie kehrt zur Materie, zur Erde zurück. Die kosmische Energie kehrt in das Weltall zurück, aus dem sie gekommen ist.

Sie trägt dann die Inschrift des Lebens und des Bewusstseins in sich. Nun ist sie nicht mehr ein leerer Bestandteil der kosmischen Energie, sondern durch irdisches Bewusstsein gezeichnet und darauf konzentrierte kosmische Energie. Dies nennen wir *Seele*.

ॐ

Nun kreist die Seele oder das menschliche Bewusstsein im Weltall und schließt sich der noch unbeschriebenen, gesichtslosen kosmischen Energie an. Sie hat nun ein Gesicht, nur ihren Zweck hat sie verloren. Sie ist im menschlichen Körper entstanden und formte sich durch das Leben. Nun hat sie den menschlichen Körper und das Leben verloren.

Jetzt kann sie nur noch im Weltall kreisen und warten. Worauf wartet sie?

Sie wartet darauf, vielleicht wieder einmal einen Zweck zu bekommen.

ॐ

Mit einer neuerlichen Inkarnation und einem irdischen Leben würde sie wieder ihren Zweck, ihre neue Erfüllung finden.

Nur ist das jetzt schwieriger. Sie ist keine gesichtslose Energie mehr, die im Weltall umherirrt und zufällig auf einem Planeten mit der richtigen Kombination von stofflichen Elementen neues Leben schafft. Damals war gleichgültig, welcher Teil der kosmischen Energie sich mit der Materie zu konkretem Leben verbindet.

Milliarden und Abermilliarden solcher Teilchen kreisen im Weltall. Eines dieser Teilchen befindet sich zufällig an einer bestimmten Stelle, wenn die Bedingungen für die Entstehung des Lebens zutreffen.

Der bewusste Teil der kosmischen Energie hat sehr geringe Möglichkeiten, in diesem Augenblick am richtigen Ort zu sein. Er hat nicht mehr die physischen Fähigkeiten, die eine gezielte Bewegung ermöglichen würden.

Nun ist er auf das Schweben im Weltall angewiesen. In Unendlichkeit und Ewigkeit.

Als er noch ohne Bewusstsein umherirrte, war das anders. Er war ein unbewusster winziger Teil der kosmischen Unendlichkeit und Ewigkeit, ihr Bestandteil. Nun ist er mehr, er hat Bewusstsein, hat noch immer Empfindungen, ist aber verurteilt zum ewigen Vegetieren in der Unendlichkeit. Ohne Möglichkeit des Ausdrucks und der Verständigung mit anderen.

Er ist getrennt vom irdischen Leben, wo sein Wesen entstand und unfähig zum Leben im Weltall, wo er sich nun befindet. Für immer.

Der Mensch hat die Fähigkeit, sowohl positive als auch negative Energie zu schaffen. Mit positiven Gedanken und Gefühlen schafft er positive Energie. Mit negativen Gedanken und Gefühlen negative Energie.

Wo ist das kosmische Bewusstsein?

Wenn alles so ist, wie wir es beschrieben haben, wo ist dann das höhere Bewusstsein, von dem wir in den vorhergehenden Kapiteln gesprochen haben?

Es gibt doch im Kosmos offenbar kein anderes Bewusstsein als das menschliche?

Warum sollten wir Menschen uns um eine Hebung der Bewusstseinsebene bemühen, wenn unser Bewusstsein oder unsere Seele nach dem Tod nur im Weltall herumschwebt und auf der Erde oder im Weltall nicht wieder inkarniert wird?

Um auf diese Frage antworten zu können, müssen wir über die kosmische Energie und ihre Zusammensetzung nachdenken.

Die kosmische Energie ist bipolar, besteht aus zwei entgegengesetzten Polen, einem positiven und einem negativen. Nur beide Pole gemeinsam schaffen das Ganze der kosmischen Energie, also positive und negative Energie.

Der Mensch hat die Fähigkeit, sowohl positive als auch negative Energie zu schaffen. Mit positiven Gedanken und Gefühlen schafft er positive Energie. Mit negativen Gedanken und Gefühlen negative Energie. Auf diese Art und Weise entstehen auf der Erde unaufhörlich große Mengen an positiver und negativer Energie. Der Mensch kann beide zusammen als kosmische Energie schaffen.

Wodurch kann sie geschaffen werden und wie wird das sichtbar?

Es wird nirgends sichtbar, kann aber gespürt werden. Die beiden Energien werden in der menschlichen Seele erschaffen, so dass neue Energie entsteht, die jene verstärkt, die bei der Geburt des Menschen in ihn eingetreten ist. Man könnte sagen, dass die Seele des Menschen mit ihr verstärkt wird.

ॐ

Die Energie des Menschen verstärkt sich mit der Ebene seines Bewusstseins.
Wenn wir über Bewusstwerdung sprechen, sprechen wir nur über positive Gedanken und Gefühle. Woher kommt dann die bipolare Energie, wenn wir mit dem höheren Bewusstsein nur positive Energie schaffen?

In der Umgebung des Menschen gibt es sehr viel negative Energie. Er nimmt sie ständig auf und ist deshalb energetisch die meiste Zeit über unausgeglichen. Der Kampf ums Überleben, der Kampf um das materielle Überleben und der Kampf um die Überlegenheit vor anderen schaffen die ganze Zeit über große Mengen von negativer Energie.

Gewalt, Hass und Leid begleiten den Menschen durch seine gesamte Geschichte hindurch. Es hat nie an negativen Gefühlen und negativer Energie gemangelt.

ॐ

Positive Gefühle und positive Energie gab es hingegen immer zu wenig. Die Menschen spürten das Ungleichgewicht und suchten instinktiv die positive Energie. Sie fanden sie in ihrer Umgebung bei ihrer Familie, wo sie sich gegenseitig mit positiven Gedanken und Gefühlen halfen.

Sie suchten sie in den Religionen, wenn sie sich mit positiven Gedanken und Gebeten an das höhere Bewusstsein wandten und versuchten, mit ihm in Verbindung zu treten.

Die negative Energie, die sie die ganze Zeit über umgab und in der näheren Umgebung bedrohte, versuchten sie mit der positiven auszugleichen. Wenn ihnen das gelang, fühlten sie sich besser, waren gesünder und ruhiger. Sie wurden sich der Bedeutung der gegenseitigen Abhängigkeit der Lebewesen voneinander und der Notwendigkeit, sich gegenseitig zu helfen und zusammenzuarbeiten, bewusst.

Die Schaffung von positiver Energie mit positiven Gedanken und Gefühlen erfüllt unsere Seele mit bipolarer, kosmischer Energie.

ॐ

Das löst jedoch noch immer nicht die Frage, was mit der Seele des Menschen nach seinem Tod geschehen wird. Mit einem entwickelten Bewusstsein bleibt der Mensch, solange er lebt, gesünder, ruhiger und erfüllter und doch wartet auf seine Seele nach dem Tod noch immer das traurige Dahinvegetieren im Weltall.

Wo ist jenes kosmische Bewusstsein, an das wir uns annähern sollen und das uns auf den Weg des höheren Bewusstseins führen soll?

Wir können nur ein Teil dieses kosmischen Bewusstseins werden.

Mit der Hebung des Bewusstseins und der Stärkung der bipolaren kosmischen Energie erhebt sich unser Bewusstsein bzw. unsere Seele sehr hoch. An einem bestimmten Punkt verändert sie sich. Sie ist keine gewöhnliche menschliche Seele mehr, die nach dem Tod ihren Zweck verliert und im Weltall schwebt. Ihre Energie wird so groß, dass sie auch nach dem Tod ihren Zweck beibehält. Oder – besser gesagt – einen neuen Zweck erhält.

Ihr nunmehriger Zweck ist nicht mehr das irdische Leben, sondern das kosmische. Diese Seele kann nun im Weltall leben und vegetiert nicht bloß dahin und wartet auf eine neue Inkarnation auf der Erde, die vielleicht niemals geschehen wird.

Sie hat Fähigkeiten, über die irdische Seelen nicht verfügen. Sie kann mit einem ähnlich gearteten Bewusstsein kommunizieren. Sie kann die Ereignisse auf der Erde beobachten und versuchen ausgleichend zu wirken, damit sich die Menschheit harmonischer entwickelt. Sie kann nicht anders, da sie ein höheres Bewusstsein ist. Sie versucht, den Menschen zu helfen.

Sie richtet die menschliche Intuition auf ein Ziel aus. Sie kommuniziert mit Menschen, die eine genügend hohe Bewusstseins- und Energieebene erreicht haben, um sich mit ihr zu verbinden.

Das ist das kosmische Bewusstsein, über das wir gesprochen haben. Da es sich aus dem menschlichen Bewusstsein entwickelt hat und ein menschliches Leben gelebt hat, kennt es jenes bis in die kleinsten Windungen. In ihm ist alles Wissen, das sich die Menschheit in ihrer Geschichte erworben hat. In ihm ist auch das Wissen über das Wesen der Welt.

Deshalb kann es der Menschheit helfen. Es versucht, sie vor dem Verfall zu retten. Es sieht den Abgrund, der sich vor der Menschheit auftut, wenn sie mit ihrer isolierten Entwicklung fortfährt.

Deshalb führt es den Menschen zum höheren Bewusstsein hin. Damit wird sich der Mensch der Gefahr bewusst und weicht ihr vielleicht aus. Zugleich wird dies die Energie heben und vielleicht jenen kritischen Punkt erreichen, an dem die betreffende Seele eine kosmische Seele wird.

Im Lauf der Geschichte haben einige menschliche Seelen eine solche Ebene erreicht. Nun führen sie uns und helfen uns. Je mehr es davon gibt, um so mehr können sie erreichen. Vielleicht werden sie jene kritische Masse erreichen, die notwendig ist, um den Verfall der Menschheit aufzuhalten. Vielleicht werden sie noch mehr erreichen.

Der Mensch ist das Resultat eines zufälligen Spiels von unbewusster kosmischer Energie und Materie.

Die Menschheit ist ein unwiederholbares Wunder des Kosmos

Wir fragen noch immer nach den menschlichen Seelen, die im Weltall kreisen. Werden sie einen neuen Zufluchtsort finden oder sind sie verurteilt zum ewigen Schweben in der Unendlichkeit des Weltalls? Sie haben selbst nicht genug Energie, um irgendetwas zu tun, sie können nur passiv auf ihr Schicksal warten.

Auch ihnen kann menschliches Bewusstsein helfen, das sich Zeit seines Lebens zur kosmischen Ebene entwickelt hat. Sie verfügen über große Energie, unverhältnismäßig mehr Energie als die übrigen menschlichen Seelen. So können sie die anderen Seelen führen, damit sich diese zur richtigen Zeit am richtigen Ort wieder finden und wieder in ein menschliches Leben inkarniert werden.

Es stellt sich jedoch die Frage, ob das kosmische Bewusstsein dazu bereit ist. Es müssten entsprechende Bedingungen bereitgestellt werden.

Es wäre sinnvoll, wenn jenes Bewusstsein auf der Erde wiedergeboren wird, das eine genügend hohe Ebene des Bewusstseins und der Energie im ersten Leben erreicht hat. Ein niedriges Bewusstsein würde bei einem neuerlichen Eintritt in die Welt sehr wahrscheinlich wieder ein niedriges Bewusstsein sein und das Ungleichgewicht der Welt noch erhöhen.

Wenn ein höheres Bewusstsein heute in ein irdisches Leben inkarniert würde, käme es in ein sehr ungünstiges energetisches Umfeld. Die heutige Zivilisation mit ihrem Konsumdenken und ihrer Gier nach schnellem Genuss schafft ein Umfeld mit niedrigem Bewusstsein. Ein höheres Bewusstsein, das hier inkarniert würde, würde sich dem in der Anfangszeit, also in der Kindheit, kaum widersetzen können.

Seine Energie würde sehr wahrscheinlich fallen und es fände sich auf einer niedrigeren Bewusstseinsebene wieder, als jener, die es im ersten Leben erreicht hat. Die Frage ist, ob es sein Bewusstsein später im Leben noch heben könnte.

Wenn aber dieses Bewusstsein in diesem Leben auf eine niedrigere Ebene fällt, wäre seine Inkarnation sinnlos gewesen. Im Gegenteil, wegen der niedrigeren Energie hat es später weniger Möglichkeiten, wieder auf die Erde zu kommen und eine noch geringere Möglichkeit, die Ebene des kosmischen Bewusstseins zu erreichen.

ॐ

Deshalb können wir begründet voraussetzen, dass das kosmische Bewusstsein bei der erneuten Inkarnation menschlicher Seelen erst dann vermittelt wird, wenn die Menschheit als Ganzes eine höhere Bewusstseinsebene erreicht hat. Dann ermöglicht die energetische Umgebung den Seelen, die im ersten Leben eine höhere Energieebene erreicht haben, dass sie sich noch höher erheben und sich dem kosmischen Bewusstsein noch mehr annähern.

Wir aber haben bisher nur wenige Möglichkeiten entdeckt, durch die die Menschheit ihre Bewusstseinsebene heben und die Selbstzerstörung verhindern könnte.

Das Ungleichgewicht der heutigen Welt wächst schneller als das menschliche Bewusstsein. Es sollte jedoch genau umgekehrt sein. Deshalb besteht eine ziemlich hohe Wahrscheinlichkeit, dass sich die Menschheit selbst zerstören wird und mit ihr den Planeten, auf dem sie lebt.

ॐ

Wenn es uns gelingt, die Erde zu zerstören, werden wir den einzigen Zufluchtsort zerstören, den alle menschlichen Seelen, die jemals gelebt haben, finden könnten.

Das kosmische Bewusstsein könnte ihnen nicht mehr helfen. Die menschlichen Seelen wären dazu verurteilt, auf ewig in der Unendlichkeit des Kosmos zu kreisen.

ॐ

Der Schaden wäre nicht wieder gutzumachen.

Das Leben auf der Erde ist aufgrund einer zufälligen Verkettung von Umständen entstanden. Die kosmische Energie und die physische Materie entstanden auf eine Art und Weise, die vielleicht unwiederholbar ist. Aus einer unendlichen Zahl von Kombinationen von Energie und Materie hat nur eine einzige die Bedingungen für die Entstehung des Lebens geschaffen.

Sie hat es ermöglicht, dass höhere Lebensformen entstanden. Der Mensch ist das Resultat eines zufälligen Spiels von unbewusster kosmischer Energie und Materie. Auch ein viel höheres Bewusstsein als das menschliche hätte wohl kaum solche Umstände herstellen können.

Der Verfall der Erde und der Menschheit würde das Weltall wieder in ein formloses Grau mit einem sinnlosen Aufeinandertreffen von Energie und Materie und in eine unendliche Bewegung von Himmelskörpern ohne Leben und Bewusstsein stoßen.

ॐ

Die menschlichen Seelen wären das einzige Bewusstsein im Weltall. Sie würden jedoch ihren Sinn und ihren Zweck verlieren. Es gäbe kein Leben mehr.

Sie sind als Bestandteil des menschlichen Lebens entstanden. Nun würden sie die Möglichkeit verlieren, jemals wieder auf Materie zu stoßen und als menschliche Wesen zu leben.

Die Materie selbst hat kein Bewusstsein und braucht es nicht. Sie hat keine Gefühle und kein Bewusstsein.

Die menschliche Seele jedoch hat Gefühle und ein Bewusstsein. Sie braucht Materie, um diese zu verwirklichen.

ॐ

Wenn die Menschheit sich selbst und die Erde zerstört, hätte es sie besser nie gegeben. Sie wird nämlich nur das materielle Leben zerstören, nicht aber ihr Bewusstsein, das sich im Lauf der bisherigen Entwicklung gebildet hat. Das Bewusstsein wird bestehen bleiben.

Es wird sich dessen bewusst sein, was es getan hat. Es wird unglücklich und leer sein. Dieses Unglück und diese Leere werden schlimmer sein als im menschlichen, irdischen Leben. Auf der Erde wird es durch schnelle Täuschungen und Illusionen verdeckt. Im Kosmos gibt es diese nicht. Und alles wird sehr, sehr lange dauern. Ewig.

Vor der Entstehung des Lebens und des Bewusstseins gab es im Weltall weder Unglück noch Traurigkeit. Nun wird es dies geben. Das menschliche Bewusstsein wird bedauern, jemals entstanden zu sein. Es wird den Verfall der Menschheit und der Erde bedauern und auch deren Entstehung.

Im kosmischen Bewusstsein liegt alles Wissen über den menschlichen Körper und die Seele, alles Wissen über die Gesetze der Natur, zu denen die Menschheit im Lauf ihrer Entwicklung durchgedrungen ist.

Durch Bewusstwerdung zur Energie

Die menschlichen Seelen, denen es gelungen ist, im Lauf der Geschichte ihr Bewusstsein und ihre Energie so zu entwickeln, dass sie das kosmische Bewusstsein erreicht haben, beobachten das Geschehen auf der Erde und sehen, dass sie sich dem Abgrund nähert, dem Punkt, an dem eine Umkehr umöglich ist.

Wenn die Menschheit zugrunde geht, verliert auch das kosmische Bewusstsein seinen Sinn und Zweck. Es ist kein Selbstzweck, sondern soll der Menschheit zu einer harmonischeren Entwicklung verhelfen. Sein Bewusstsein ist auf einer hohen Ebene und es fühlt sich mit den Lebewesen und der Erde verbunden. Es kann ihm nicht gleichgültig sein, wenn die Menschheit für immer zerstört wird.

Den edelsten Seelen in der Geschichte der Menschheit ist es gelungen, die Ebene des kosmischen Bewusstseins zu erreichen. Schon während ihres menschlichen Lebens arbeiteten sie zum Wohl aller Lebewesen. Sie fühlten mit ihnen und halfen ihnen. Die negative Energie, die sie durch das Leid bei jedem Schritt begleitet hat, wurde von ihnen mit unendlicher Geduld und Güte überwunden.

Nach den Gesetzen der kosmischen Energie hat es ihnen gerade die Kombination von Leid bzw. negativer Energie mit Güte bzw. positiver Energie ermöglicht, das energetische Potential ihrer Seele zu heben. Die bipolare kosmische Energie, die bei ihrer Geburt mit einer bestimmten Menge in sie eingetreten ist, hat sich im Lauf des Lebens immer mehr verstärkt.

Bei ihrem Tod haben sie eine so hohe Energieebene erreicht, dass sie nicht wie andere menschliche Seelen passiv im Kosmos schweben, sondern ein volles menschliches Bewusstsein bewahrt haben und es mit neuen Erkenntnissen angereichert haben. Sie haben ihre Erkenntnisse über die Menschheit und den Kosmos einer auf den anderen übertragen und so ein gemeinsames kosmisches Bewusstsein geschaffen.

ॐ

Deshalb hat sich im kosmischen Bewusstsein das gesamte Wissen angesammelt, das die Menschheit in Millionen von Jahren ihrer Geschichte erworben hat. In ihm liegt alles Wissen über den menschlichen Körper und die Seele, alles Wissen über die Gesetze der Natur, zu denen die Menschheit im Lauf ihrer Entwicklung durchgedrungen ist.

Die energetische Kraft, mit der das kosmische Bewusstsein ausgestattet ist, ermöglicht es ihm, sich mit dem Bewusstsein bzw. der Seele aller Menschen zu verbinden. Damit erhält es Einsicht in ein Wissen, das jenes, das die Menschheit im Lauf ihrer Entwicklung angesammelt und übermittelt hat, stark übersteigt.

Es verfügt über ein Wissen über das Weltall, das vom menschlichen Bewusstsein nicht erreicht werden kann. Deshalb kann das kosmische Bewusstsein auf zahlreiche Fragen antworten, die sich die Menschheit schon Jahrtausende lang stellt und auf die man keine Antwort gefunden hat.

Es weiß um die Entstehung der Welt und des Lebens, es kennt den Zustand des unendlichen Universums. Es kennt die Dimension der Zeit und der Zeitlosigkeit, der Ewigkeit.

ॐ

Das kosmische Bewusstsein stellt deshalb die Menschheit in die Perspektive der Ewigkeit und Unendlichkeit. Es kann die Bedeutung des irdischen Augenblicks bewerten und mit der kosmischen Ewigkeit vergleichen. Es weiß, dass für die menschliche Seele ein Augenblick des irdischen Bewusstseins mehr zählt als das ewige Schweben in der Unendlichkeit.

Deshalb weiß das kosmische Bewusstsein auch, wie unendlich wichtig es ist, die Erde und die Menschheit zu erhalten. Es ist bereit, alles dafür zu tun, dass sie nicht zugrunde gehen.

Im Lauf der Geschichte hat das kosmische Bewusstsein über die Intuition Menschen inspiriert. Ihnen ist es gelungen, sich über das Grau des niedrigen Bewusstseins zu erheben. Es hat ihnen den weiteren Weg gezeigt, so dass sie ihr Bewusstsein noch besser entwickeln konnten. Einigen hat es geholfen, die höchste Ebene zu erreichen und sich ihm anzuschließen.

Jedes neue menschliche Bewusstsein, das die kosmische Ebene erreicht, behält seine Individualität, sein Bewusstsein und verbindet sich gleichzeitig mit dem Bewusstsein der anderen Menschen, das diese Ebene schon vorher erreicht hat. Es nimmt ihr gesamtes Wissen auf und arbeitet mit allen zusammen, um einen Weg zu finden, der die Menschheit zu einer harmonischen Entwicklung außerhalb der Zone der Selbstzerstörung, in der sie sich befindet, bringen würde.

ॐ

Das kosmische Bewusstsein kann allen Menschen helfen, die sich zumindest zum Teil aus dem geschlossenen Kreis des niedrigen Bewusstseins befreit haben. Den Menschen mit einem geschlossenen Bewusstsein kann es aber nicht helfen.

Ein Mensch, der ganz aufgeht im Wettkampf um Geld, Macht und irdischen Genuss, wird keine innere Stimme mehr hören. Erst wenn sein irdisches Ich als Folge des Schocks und des Leidens in sich zusammenfällt und eine Leere in seinem Bewusstsein entsteht, kann er sie vielleicht hören und spüren.

Dann kann ihn das kosmische Bewusstsein dazu anleiten, sein Bewusstsein zu entwickeln. Wenn er krank wird, kann es ihm bei der Heilung und bei einem neuen, bewussten Leben helfen.

ॐ

Die Zivilisationskrankheiten sind oft das Resultat eines Lebens mit einem niedrigen Bewusstsein. Der heutige Lebensstil erfüllt den Menschen mit negativen Gefühlen und negativer Energie. Die ständige Anspannung im Kampf um Erfolg und Geld und die Angst um materielle Sicherheit und die Sorgen, all das schafft negative Energie.

Auf diese Weise entsteht im Menschen ein energetisches Ungleichgewicht. Es gibt dann zu viel negative Energie und zu wenig positive Energie in ihm. Dieses Ungleichgewicht führt früher oder später in die Krankheit.

Hier kann positive Energie helfen und diese bringt auch eine Bewusstseinsentwicklung mit sich. Positive Gedanken, Mitgefühl mit anderen, die auch leiden, gute Taten, all das wird ihm helfen, sein inneres Gleichgewicht wieder zu erreichen.

ॐ

Dann kann ihm das kosmische Bewusstsein helfen. Der Mensch wird durch die Bewusstwerdung seine positive Energie stärken und sie mit der früher vorherrschenden negativen Energie abstimmen. Es entsteht bipolare kosmische Energie und mit ihr kann man seinen Energiezustand verbessern.

Deshalb kann Krankheit manchmal wirklich ein Segen sein. Wenn sie durch Bewusstseinsentwicklung überwunden wird, wird der Mensch nach ihr anders und besser sein. Seine Energie wird größer sein und mit Hilfe des kosmischen Bewusstseins kann er sie noch weiter steigern.

Wenn er sich auf den Weg der Bewusstseinswerdung macht, kann ihm das kosmische Bewusstsein dabei helfen. Es kann ihn sehr weit führen, manchmal sogar bis zum kosmischen Bewusstsein. Jedenfalls wird sein höheres Bewusstsein ein Steinchen im Mosaik der bewussten Menschheit sein, das ihn selbst und die Erde vor dem Untergang retten könnte.

Das kosmische Bewusstsein hilft der Menschheit

Das kosmische Bewusstsein hat dem Menschen auch auf andere Art und Weise geholfen. Im Lauf der Geschichte hat es sein Bewusstsein gehoben.

Es hat die Entstehung von Religionen begünstigt. Zwar unterscheiden sich die Religionen voneinander, aber sie tragen alle dazu bei, das Bewusstsein zu heben. Sie regen die Menschen an, Spiritualität zu entwickeln. Wenn einzelne Geistliche oder Mönche ein abweichendes Bewusstsein aufweisen, kommt das kosmische Bewusstsein zu Hilfe und hilft ihnen, eine höhere Ebene oder sogar die höchste Ebene, die kosmische Ebene zu erreichen.

So stieg die Zahl der Menschen, die ein kosmisches Bewusstsein erreichten. Unter ihnen gibt es viele heilige Männer der Hauptreligionen: Hindi, Mayas, Mohammedaner, Buddhisten und Christen.

Dazu gehören jedoch nicht alle jene, die auf der Erde zu Heiligen erklärt wurden. Die kosmischen Kriterien sind eben andere, die irdische Anerkennung zählt dabei nicht. Nur jene, denen es gelungen ist, ihre Energie genügend zu stärken, erwarben ein kosmisches Bewusstsein. Manche waren Zeit ihres irdischen Lebens ganz unbekannt und man schrieb ihnen keine Heiligkeit zu.

Als die Religionen begannen, unbewusst zu werden und zu sehr verflochten mit dem irdischen Bewusstsein, nahm das kosmische Bewusstsein über die Intuition Einfluss auf ihre Vertreter, so dass diese auf den Niedergang des richtigen Glaubens aufmerksam machten. Es entstanden unterschiedliche reformatorische Bewegungen, die danach strebten, den Glauben zu läutern und dadurch wieder eine Bewusstwerdung zu ermöglichen.

In solchen Situationen sieht sich das höhere Bewusstsein dem niedrigen Bewusstsein gegenüber, das in die religiösen Institutionen vordringt. Es war nicht immer erfolgreich, weil sich das niedrige Bewusstsein im Kleid der offiziellen religiösen Autorität Veränderungen entgegenstellte.

Ein Teil der Geistlichen und Gläubigen konnte aber doch sein Bewusstsein entwickeln und sich auf den Weg zu höherem Bewusstsein machen. Obwohl sie von den offiziellen religiösen Führern manchmal sogar ausgeschlossen und verfolgt wurden, waren doch sie es, denen es gelang, eine höhere Bewusstseinsebene zu erreichen.

Die Religion allein ist keine Garantie für den Weg nach oben, sie muss einhergehen mit der Bewusstwerdung. Im Vergleich damit sind irdische Auszeichnungen, Ausschlüsse oder Heiligsprechungen ganz bedeutungslos. Sie zählen nur in diesem Augenblick und nur auf der Erde, vom Standpunkt des kosmischen Bewusstseins jedoch nichts.

ॐ

Das kosmische Bewusstsein hat der Menschheit in kritischen Momenten geholfen, als sie nahe an der Selbstzerstörung war.

Erinnern wir uns an die Zeit des *Kalten Krieges*. Nach zwei Weltkriegen im zwanzigsten Jahrhundert hätte die Menschheit einen dritten Krieg nicht mehr überlebt. Die Militärtechnik hat sich in einem Maß entwickelt, dass wir die Welt mit Leichtigkeit auslöschen könnten. In den großen Staaten lagern ungeheuer viele Massenvernichtungswaffen: nukleare, chemische und biologische. Jede von ihnen kann die ganze Menschheit bedrohen oder auslöschen.

Angesichts der angehäuften Waffen und der ständigen Spannungen zwischen den Großmächten war es ein richtiges Wunder, dass keine Vernichtungswaffe eingesetzt wurde und einen Weltkrieg ausgelöst hat, in dem der Gegner, man selbst und die ganze Menschheit ausgelöscht worden wäre.

Es hätte auch ganz zufällig geschehen können, ohne bewusste Entscheidung von einer Streitpartei einen Krieg zu beginnen. Die andere Seite hätte sofort einen Gegenschlag ausgeführt und die Welt wäre explodiert.

Das kosmische Bewusstsein hat einen solchen Zufall und eine solche Entscheidung verhindert. Über das Wirken der Intuition auf das Bewusstsein der wirklichen Menschen wurden Aktivitäten ausgelöst, die einen Ausweg aus der Krise zeigten.

Erinnern wir uns an die Zuspitzung der Situation bei der Kubakrise zu Beginn der sechziger Jahre des vorigen Jahrhunderts. Die ganze Welt zitterte vor einem Atomkrieg, der jeden Augenblick hätte ausbrechen können. Doch die Situation entspannte und beruhigte sich auf wunderbare Weise. Im ausschlaggebenden Augenblick hat jemand intuitiv das Richtige getan und den Krieg verhindert.

ॐ

Die Tatsache, dass das kosmische Bewusstsein über uns wacht, darf uns nicht zu sehr trösten und beruhigen. Die Möglichkeiten seines Wirkens sind begrenzt. Es kann nicht alle kritischen Situationen kontrollieren, die von Menschen mit einem niedrigen Bewusstsein ausgelöst werden können.

Mit der Entwicklung der Wissenschaft und der Technik eröffnen sich immer neue Möglichkeiten der Selbstzerstörung. Sie sind jedoch nicht von einer Hebung des menschlichen Bewusstseins parallel dazu begleitet. So gibt es immer mehr Arten der möglichen Selbstzerstörung und es wird immer schwerer, diese zu kontrollieren und zu verhindern.

Die heutige Zivilisation erleichtert sich durch die Entwicklung der Technik das Leben und vergräbt sich in viele Illusionen und Zudeckmechanismen, die das menschliche Bewusstsein erfüllen. Die Distanz zwischen Technik und Bewusstsein wird immer größer.

ॐ

Am meisten Besorgnis erregt die immer weiter fortschreitende Zerstörung der Umwelt. Der Mensch zerstört in seiner Profitgier gewissenlos die Erde, das Wasser und die Luft.

In diesem Fall geht es nicht um eine Einzelsituation, die vom kosmischen Bewusstsein durch eine rechtzeitige Vermittlung verhindert werden könnte. Es geht vielmehr um eine große Zahl von Ereignissen, die Tag für Tag geschehen und Schritt für Schritt das Klima auf der Erde zerstören.

Diese Entwicklung könnte nur vom entwickelten Bewusstsein einer Vielzahl von Menschen rückgängig gemacht werden. Doch es gibt noch viel zu wenig entwickeltes Bewusstsein und so sägt die Menschheit mit offenen Augen am Ast, auf dem sie sitzt.

ॐ

Das kosmische Bewusstsein kann dies nicht verhindern. Es gibt zu wenige bewusste Menschen und zu viele unbewusste. Deshalb ist das kosmische Bewusstsein besorgt darüber, wie der Mensch sich selbst und seine Zukunft auf der Erde und im Kosmos zerstört.

Es möchte gerne helfen, kann dies aber nicht. Es ermahnt die Menschen über die Intuition, dass etwas getan werden muss, damit diese Entwicklung gestoppt wird.

Viele Menschen hören diese Mahnungen und reagieren darauf. Das Bewusstsein von der Notwendigkeit der Erhaltung der Erde breitet sich aus. Es gibt immer mehr ökologische Bewegungen und Aktivisten.

Doch die gewissenlosen Profitmacher herrschen noch immer vor. Sie sitzen an den politischen, finanziellen und wirtschaftlichen Schalthebeln dieser Welt. Sie lassen sich nicht beirren.

Das Unterbewusstsein der Menschen erhält Mitteilungen über den Ablauf der Zeit, über die Notwendigkeit einer Veränderung, über einen neuen Anfang oder das neue Zeitalter.

Das neue Zeitalter

Das kosmische Bewusstsein hat in den letzten fünfzehn Jahren immer mehr Mahnungen ausgesandt. Es versucht jene Menschen, die über ein entwickeltes Bewusstsein verfügen, in diese Richtung zu bewegen.

In dieser Zeit hat eine neue Spiritualität die Menschheit erreicht. Viele Menschen beschäftigen sich damit.

Sie hat eine eigene Bezeichnung bekommen, die *New Age* lautet.

Dieser Begriff umfasst viel Gutes, aber auch viel Schlechtes.
Das Unterbewusstsein der Menschen erhält Mitteilungen über den Ablauf der Zeit, über die Notwendigkeit einer Veränderung, über einen neuen Anfang oder das neue Zeitalter.

Die verstärkte Einflussnahme des kosmischen Bewusstseins auf das Unterbewusstsein und das Bewusstsein des Menschen beeinflusst die Menschen. Einigen hilft es dabei, ihr Bewusstsein zu heben und sie zu Handlungen anzuregen, welche die Menschheit und die Erde retten sollen. Sie schließen sich ökologischen und karitativen Organisationen oder Friedensbewegungen an. Dies ist die richtige Reaktion, das kosmische Bewusstsein erwartet dies.

Manche legen jedoch die Verbindung mit dem höheren Bewusstsein falsch aus. Insbesondere jene, die sich stark an ihr Ego und ihre Eitelkeit klammern. Sie glauben, besondere Wesen, Abgesandte Gottes auf dieser Welt zu sein und sagen prophetisch das Ende der Welt und den Beginn des Königreiches Gottes auf der Erde voraus.

Sie denken, dass dieses Wissen nur ihnen übermittelt wurde und verkünden es auf geheimnisvolle Art und Weise. Sie suchen Anhänger und organisieren sich in unterschiedlichen Gruppen, manchmal sogar Sekten.

Ihretwegen hat die gesamte geistige Erweckungsbewegung an Glaubwürdigkeit verloren und die Bezeichnung *New Age* einen abwertenden Klang bekommen.

ॐ

Menschen mit einer niedrigen Bewusstseinsstufe sehen darin gleich etwas Unernstes und versuchen gar nicht erst, die zahlreichen Mahnungen von Menschen mit einem entwickelten Bewusstsein ernst zu nehmen. Es genügt wegwerfend zu sagen, dass das doch *New Age* sei, abzuwinken und sich wieder seinen irdischen Täuschungen hinzugeben.

Ihre niedrige Energie kann das kosmische Bewusstsein nicht erreichen und ihrem Unterbewussten auch keine Nachrichten schicken.

Obwohl viele Menschen schon erwacht sind und ihr Bewusstsein entwickelt haben, waren die Bemühungen des kosmischen Bewusstseins, das menschliche Bewusstsein entscheidend zu heben, nicht erfolgreich.

ॐ

Auch die großen Religionen können nicht wiederbelebt werden. Sie haben sich zu sehr an das irdische Bewusstsein gehalten und haben jetzt nicht mehr die Kraft, die Menschheit wachzurütteln und ihr Bewusstsein zu entwickeln.

Sie können nicht einmal ihre traditionellen Rivalitäten überwinden, um einheitlich aufzutreten und der Menschheit klare Botschaften zu übermitteln.

Das kosmische Bewusstsein hat versucht, sie dazu anzuleiten, aber erfolglos. Die Religionen pflegen nach wie vor ihren Schrebergarten und wetteifern untereinander um Einfluss und Gläubige.

ॐ

Was die Beeinflussung des Bewusstseins von Politikern angeht, hat das kosmische Bewusstsein noch weniger Aussichten auf Erfolg. Ihre Energie ist in der Regel zu niedrig, um intuitive Botschaften überhaupt empfangen zu können. Sie sind zu sehr mit sich selbst beschäftigt und damit, sich selbst zu beweisen.

Der unaufhörliche politische Kampf um die Macht und der Wunsch nach öffentlicher Anerkennung füllen ihr Bewusstsein so aus, dass es keinen Raum für etwas anderes gibt.

Sie werden leicht eine Beute der materiellen Interessen im Hintergrund und jene, die mit ihrem profitgierigen Agieren die Welt in den Abgrund jagen, bestimmen auch die Politik.

ॐ

Unternehmen und Finanzinstitutionen sind schon ihrer Natur nach auf Gewinn ausgerichtet und es ist schwer, ein höheres Bewusstsein in ihnen zu finden. Nur manchmal gelingt es dem kosmischen Bewusstsein, auf das Bewusstsein von Einzelpersonen einzuwirken, welche die Welt dann von einem anderen Blickwinkel aus sehen. Sie werden sich der ökologischen und sozialen Probleme der Menschheit bewusst und richten ihr Tun danach aus, diese zu lösen.

In letzter Zeit gab es den bekannten Fall, dass die beiden reichsten Männer der Welt, Bill Gates und Waren Buffet, ihren ungeheuren Reichtum zusammengelegt haben und ihn für die Hilfe der *Dritten Welt* eingesetzt haben, die an Hunger und Krankheit stirbt. Offensichtlich ist ihr Bewusstsein genügend hoch entwickelt, um kosmische Mitteilungen aufzunehmen.

Aber all das ist noch zu wenig. Die Welt rast weiterhin auf den Abgrund zu und die Unternehmen und Finanzinstitutionen sind das Werkzeug, mit dem der Abgrund der Selbstzerstörung gegraben wird. Solange sie vom niedrigen Bewusstsein regiert werden, wird es dabei bleiben.

ॐ

Das kosmische Bewusstsein erreicht das Bewusstsein der normalen Bevölkerung unseres Planeten immer schwerer, insbesondere in der *Ersten Welt*, wo sich die wesentlichen politischen, wirtschaftlichen und finanziellen Institutionen befinden, welche die Welt in den Abgrund führen.

Obwohl es um sein irdisches und kosmisches Schicksal geht, verbringt der durchschnittliche Erdenbürger seine Tage ruhig vor dem Fernseher und beobachtet die Spiele dieser Welt. Sein Bewusstsein ist eingeschlafen, das kosmische Bewusstsein kann es nicht wachrütteln.

Jene, die aus den Fernsehbildschirmen sprechen, könnten es wachrütteln. Aber auch sie sind abhängig von der Werbung und sprengen nur selten den Rahmen der Konsumgesellschaft. Auch ihr Bewusstsein ist oft mit materiellen Werten ganz angefüllt und nur diese können sie dann über die Bildschirme übertragen.

Die Katastrophe würde
die Menschheit erschüttern.
Sie würde sie wachrütteln.

Wird die Selbstzerstörung der Menschheit endgültig sein oder wird sie von einer Teilkatastrophe verhindert?

Die Religionen werden die Menschheit nicht retten, die Politik auch nicht, bewusste Menschen gibt es zu wenige und sie werden die kritische Masse, welche die Trends umkehren könnte, nicht erreichen.

Was kann die Erde dann retten?

Das kosmische Bewusstsein kann die Selbstzerstörung nicht mehr lange aufhalten, es gibt zu viele Möglichkeiten der Vernichtung.

Die Erde verfällt von Tag zu Tag. An einem bestimmten Punkt wird es dann zu spät sein für alles. Wenn die Umwelt zerstört ist, kann man sie nicht mehr erneuern.

Wir sind bis hierher gekommen. Wie könnte es weitergehen? Können wir aufwachen? Wenn wir das tun würden, würde uns das kosmische Bewusstsein dabei helfen, die Erde zu retten. Wenn aber die Menschheit im niedrigen Bewusstsein verharrt, kann sie das kosmische Bewusstsein mit seinen Warnungen nicht mehr erreichen.

Wie könnte man die Menschheit wachrütteln? Kann sie es selbst?

Sie kann es nicht. Denn wenn sie es bisher nicht konnte, wird es auch in Zukunft nicht anders sein. Die allgemeine Bewusstseinsebene sinkt eher als dass sie steigt.

So sieht die Wirklichkeit aus.

ॐ

Werden wird darauf warten, dass uns eine Katastrophe wachrüttelt?

Aller Wahrscheinlichkeit nach ja. Wir wissen jedoch nicht, wie die Katastrophe aussehen wird. Sie könnte die Menschheit und die Erde vernichten, das wäre das Ende von allem. Ein Aufwachen ist dann nicht mehr notwendig.

Vielleicht wird aber die Katastrophe nicht die ganze Menschheit vernichten. Einige werden überleben und den Weg fortsetzen.

Das wäre noch das beste Szenario. Die Katastrophe würde die Menschheit erschüttern. Sie würde sie wachrütteln. Die Überlebenden würden ihr Bewusstsein entwickeln und ein Zusammengehörigkeitsgefühl mit den anderen Lebewesen spüren, sie würden einander helfen, damit das Leben wieder Fuß fassen kann.

Das kosmische Bewusstsein könnte die Menschheit dann in eine harmonischere Entwicklung auf neuen Grundlagen führen. Dann hätte es ein Ende mit der rücksichtslosen und egoistischen Gier nach materiellen Werten.
Wir wissen jedoch nicht, ob die Menschheit von solch einer glücklichen Katastrophe heimgesucht wird. Wenn es so wäre, könnten wir dankbar dafür sein. Obwohl vielleicht Milliarden Menschen sterben würden.

Es könnte eine viel schlimmere Katastrophe passieren. Die Menschheit könnte ihre Umwelt vernichten. Das Leben auf der Erde wird dann für immer ausgelöscht werden.

Das ewige menschliche Bewusstsein wird keine Möglichkeit mehr haben, sich auf der Erde zu inkarnieren. Der Weg, nicht nur zur heutigen Generation von Menschen, sondern zu allen Generationen in der menschlichen Geschichte, wird versperrt sein. Dies gilt auch für alle zukünftigen Generationen.

ॐ

Eigentlich müssten wir uns große Katastrophen wünschen, welche die Menschheit wachrütteln würden, ohne sie endgültig zu vernichten.

Bei den einzelnen Menschen ist die Situation ähnlich. Aus dem unbewussten Vorsichhinleben kann man häufig nur durch einen Schock wachgerüttelt werden.

Wenn jemand eine Krankheit oder ein Unglück erlebt, ist es schlimm. Wenn er es überlebt, kann er eine höhere Bewusstseinsebene erreichen und beginnt die Welt von einem neuen Blickwinkel aus zu sehen. Er ändert seine Prioritäten und seine Lebensweise. Er wird sich seiner Vergänglichkeit bewusst und möchte sie durch ein höheres Bewusstsein überwinden.

Ähnlich würde es der Menschheit als ganzer ergehen. Sie würde sich bewusst, wohin die unbewusste Gier nach materiellen Werten führt. Wenn sie die Katastrophe überlebt, würden die Menschen neu zu leben beginnen, mit einem anderen Bewusstsein und anderen Prioritäten.

ॐ

Wie aber kommen wir zu einer Katastrophe, die uns ernüchtert, aber nicht auslöscht? Wenn die Menschheit genug Bewusstsein aufbringen könnte, um sich solch eine Katastrophe zu wünschen, würde sie es auch ohne sie schaffen, die selbstzerstörerischen Trends ihrer Entwicklung umzukehren.

Also bleibt nur noch das Warten auf eine Katastrophe, die nicht alle auslöscht.

Die Katastrophe des Überlebens

ॐ

Es könnte zu einer ungeheuren Katastrophe auf der Erde kommen.

ॐ

Das Meer könnte über die Ufer treten und Städte versenken.

ॐ

Die Erde könnte erzittern und viele Städte und Gebäude würden zerstört.

ॐ

Der größte Teil der Menschheit würde sterben.

ॐ

Die Energieversorgung und damit die Computersysteme würden zusammenbrechen.

ॐ

Die Überlebenden sähen sich dem nackten Überlebenskampf gegenüber.

ॐ

Sie müssten sich gegenseitig helfen.

ॐ

Langsam würden sie sich durchschlagen.

ॐ

Nahrung und Heizung wären ein großes Problem.

ॐ

Manche würden noch immer sterben.

ॐ

Nach einiger Zeit wäre die Energieversorgung wiederhergestellt.

ॐ

Die Nahrungsmittelversorgung würde besser.

ॐ

Die Menschen würden ihre Wohnungen wieder errichten und die Ruinen wegschaffen.

ॐ

Langsam würden die Menschen ihre Leben wieder in den Griff bekommen.

ॐ

Sie würden ihre Institutionen wieder errichten.

ॐ

Diesmal würden sie diese mit Bewusstsein füllen.

ॐ

Der Profit wäre nicht mehr das Leitmotiv der Welt.

ॐ

Die Marktmechanismen würden wieder errichtet, aber sie würden durch ein höheres Bewusstsein kontrolliert.

ॐ

Die sozialen Unterschiede wären viel kleiner als vorher.

ॐ

Jeder Mensch hätte die Mittel für ein bescheidenes, jedoch menschenwürdiges Leben.

ॐ

Der Profit würde die Umwelt nicht mehr zerstören.

ॐ

Die Entwicklung der Menschheit verliefe viel harmonischer als zuvor.

ॐ

Mit Hilfe des kosmischen Bewusstseins wäre eine schnelle Entwicklung der Technik sichergestellt.

ॐ

Die Menschheit würde sich entwickeln, ohne sich selbst und die Erde zu zerstören.

ॐ

Das menschliche Bewusstsein der vorhergehenden Generationen, die ein höheres Bewusstsein erreicht haben, könnte auf der Erde wieder inkarniert werden. Nun wäre das energetische Umfeld günstig dafür.

ॐ

Das irdische und das kosmische Bewusstsein würden zusammenarbeiten und eine heute unvorstellbare Entwicklung der Menschheit ermöglichen.

ॐ

Gemeinsam würden sie die Erde und den Kosmos beherrschen.

ॐ

Das Weltall wäre keine unendliche Leere mehr. Es wäre mit Bewusstseinsenergie gefüllt.

WWW.VOMWESENDERWELT.INFO